약함이 길이다

Weakness Is the Way

Copyright © 2013 by J. I. Packer
Published by Crossway
a publishing ministry of Good News Publishers
Wheaton, Illinois 60187, U.S.A

This edition publishers by arrangement with Crossway through rMaeng2,
Seoul, Republic of Korea.
All rights reserved.

This Korean Edition Copyright © 2014 by Timothy Publishing House, Inc.,
Seoul, Republic of Korea

이 한국어판의 저작권은 알맹2 에이전시를 통하여 Crossway와 독점 계약한 (주)도서출판 디모데에 있습니다.
신 저작권법에 의하여 한국 내에서 보호받는 저작물이므로 무단 전재와 무단 복제를 금합니다.

약함이 길이다

1쇄 인쇄	2014년 8월 18일
1쇄 발행	2014년 9월 1일
지은이	제임스 패커
옮긴이	윤종석
펴낸곳	주)도서출판 디모데 〈파이디온선교회 출판 사역 기관〉
등록	2005년 6월 16일 제 319 – 2005 – 24호
주소	서울특별시 서초구 서초대로 141-25(방배동, 세일빌딩)
전화	마케팅실 070) 4018-4141
팩스	마케팅실 031) 902-7795
홈페이지	www.timothybook.com

값 12,000원
ISBN 978-89-388-1574-3 03230
Copyright © 주) 도서출판 디모데 2014 〈Printed in Korea〉

약함이 길이다

우리의 힘, 그리스도

제임스 패커 지음 ― 윤종석 옮김

추천의 글

당신도 나처럼 스스로의 연약함 때문에 낙심이 된다면 이 책을 읽어야 한다. 우리는 강한 모습을 보여주며 인정받으려 하지만 사실 우리는 모두 "연약함에 휩싸여 있"다(히 5:2). 그렇다면 평생 낙심하며 살아야 하는가? 그렇지 않다! 우리는 낙심에서 벗어나 기쁨에 찬 자유를 누릴 수 있다. 패커 박사는 고린도후서를 통해 우리에게 그 길을 보여 준다. 이제 우리도 바울처럼 "크게 기뻐함으로 나의 여러 약한 것들에 대하여 자랑"할 수 있다.

존 블룸 Jon Bloom
Desiring God 사역재단 총재, 『Not by Sight』 저자

이 책의 제목만 보아도 내 마음은 그리스도를 향해 날아간다. 그분의 참 모습을 보고 싶은 갈망이 새삼 뜨거워진다. 하나님의 힘과 능력이 아니면 버틸 수도 없고 섬길 수도 없다는 사실을 날마다 절감한다. 그런데도 세상의 힘이 욕심날 때가 있다. 이러한 우리의 연약함은 그리스도 안에서 오히려 참된 영적 힘으로 변한다. 이 책은 연약함에 휩싸여 있는 사람들을 그 진리로 담대하게 해준다. 바로 이것이 '우리의 힘이신 그리스도와 함께하는 삶'이다. 우리에게 이것 말고 어떤 삶의 길이 또 있겠는가?

글로리아 퍼먼 Gloria Furman
목사의 아내이자 네 자녀의 어머니, 다문화권 사역자, 『Glimpses of Grace』 저자

내가 학생들에게 자주 말하듯 성경적 지혜는 지식과 시간 그리고 경험의 산물이다. 지혜는 살아 계신 하나님을 깊이 사랑하는 마음을 한데 녹여낸 결과다. 패커 박사는 이 책에서 우리에게 그 지혜를 전수한다. 우리 문화는 어떻게 해서든 연약함을 감추고 부정하며 거부하고 피한다. 그러나 성경이 말하는 믿음대로 살려면 반드시 연약함을 인정하고 그 가운데 행해야 한다. 또한 저자는 돈을 사랑하는 마음이 '연약함의 길'을 걷는 데 방해가 된다고 지혜롭게 경고한다! 이 책에 그리스도인의 깊고 영원한 소망이 아름답게 녹아들어 있다. 우리 문화는 자아를 믿으라고 부추기지만 하나님은 "나를 의지하라!"라고 말씀하신다. 패커 박사는 그 길로 우리를 안내한다. 그의 지혜로운 지도에 감사한다.

마이클 S. 베이츠 Michael S. Beates
플로리다 주 제네바 학교 학장, 「Disability and the Gospel」 저자

패커 박사는 고린도후서에 대한 이 훌륭한 책을 통해 예수 그리스도의 복음과 그리스도인의 삶, 복음의 능력과 그리스도인의 연약함, 믿음과 돈, 현재와 미래 등의 아주 다양한 관계를 풀어낸다. 기독교의 대변자인 그는 가장 먼저 성경 본문에 대한 통찰력 있는 해석을 제시하며, 시종일관 신학적이고 그리스도 중심적인 초점을 잃지 않는다. 동시에 본인의 다채로운 삶을 비롯하여 C. S. 루이스에서부터 각종 만화와 영화에 이르기까지 풍부한 사례들을 제시한다. 그리스도인이라면 누구나 읽어야 할 책이다.

에크하르트 J. 슈나벨 Eckhard J. Schnabel
고든 콘웰 신학대학원 신약학 교수, 「선교사 바울」(Paul the Missionary, 부흥과개혁사) 저자

패커는 신약에서 가장 중요하지만, 동시에 가장 간과되는 원리 중 하나를 파헤쳤다. 사도 바울의 힘은 연약함에 있었다. 오늘날에도 연약함이라는 낮은 문을 엎드려 통과하는 이들만이 그리스도의 힘을 온전히 알 수 있다. 패커의 예리한 해설은 우리의 연약함 속에서 그리스도의 힘을 발견해야 한다는 도전인 동시에 해법을 제시한다.

존 S. 디커슨 John S. Dickerson
프리스콧 코너스톤 교회 담임목사, 「The Great Evangelical Recession」 저자

추천의 글
감사의 글

1. 약함에 대하여 **010**
    약함이란 무엇인가?

2. 그리스도와 그리스도인의 소명 **028**
    무엇이 그리스도인을 그리스도인 되게 하는가?

차례

3. 그리스도와 그리스도인의 재정적 헌신 　　　　　　**066**
　　하나님께 드리는 삶의 의미는 무엇인가?

4. 그리스도와 그리스도인의 소망 　　　　　　　　　**108**
　　그리스도인인 우리는 무엇을 바라보아야 하는가?

다음 세 사람에게 특별히 감사한다. 스티븐 퍼셀(Steven Purcell)은 다시 나를 레이티 산장으로 초대하여 이 주제에 불씨를 당겨주었고, 레인 데니스(Lane Dennis)는 글을 모아 책으로 펴낼 것을 강권했으며, 스콧 바버(Scott Barber)는 어수선한 원고를 다듬어주었다.

오, 위대하신 여호와여
이 황무지를 지나는 저의 순례 길을
인도하소서.
저는 연약합니다.

윌리엄 윌리엄스 William Williams

1. 약함에 대하여

약함이란 무엇인가?

강한 사람과 약한 사람

『푸우야, 그래도 나는 네가 좋아』(*The House at Pooh Corner*, 길벗어린이)는 A.A. 밀른(A.A. Milne)이 쓴 매혹적인 곰돌이 푸우 모험 시리즈의 제2편이다. 여기에는 까다로운 엄마 캥거루 캉가와 아무 때나 나서는 천방지축 아들 루가 나온다. 그런데 캉가는 아들 루가 무엇을 하든지 반드시 때에 맞춰 강장제를 먹인다. 그 이유는 물론 아들을 강하게 키우기 위해서다. 그렇다면 강하다는 말의 의미는 무엇인가? 강함에는 신체적 강함, 도덕적 강함, 관계적 강함이 있다. 강한 사람은 무거운 물건을 번쩍 들 수 있고, 불의에 굴하지 않고 정의를 위해 싸울 수도 있으며, 앞장서서 단체를 이끌고 어떤 상황에든 변화를 일으킬 수 있다. 강한 사람은 필요에 따라 자신의 영향력을 주변에 확실히 발휘할 수 있다. 강한 사람은 실력으로 인정받고 실적으로 존경받는다. 캉가는 루가 강해지기 원한다. 부모라면 누구나 마찬가지다. 지휘관이나 코치도 자신의 지도를 받는 사람들이 강해지기 바란다. 물론 실전에서 말이다.

이것은 세상의 길이다. 그런데 어떤 면에서 보면 하나님의 길이기도 하다. 다음의 여러 권면에서 그것을 볼 수 있다.

- 하나님은 여호수아를 모세의 후계자로 임명하시며 "강하고 담대하라"(수 1:6-7, 9)라고 세 번이나 강조하여 말씀하신다.
- 바울은 에베소 교인들에게 "너희가 주 안에서와 그 힘의 능력으로 강건하여지고"(엡 6:10)라는 말로 영적 전투를 준비하게 한다.
- 바울은 "너는 그리스도 예수 안에 있는 은혜 가운데서 강하고"(딤후 2:1)라는 말로 자신이 목회자로 세운 디모데를 격려한다.

영적으로 강해지는 것은 명백하게 바람직한 목표이고, 그 이하에 안주하는 것은 바람직하지 못하다.

하지만 그 이면을 살펴보면 이러한 권면이 필요했던 이유가 있다. 바로 기존의 연약하다는 느낌을 최대한 몰아내기 위해서였다. 하나님의 말씀을 듣던 여호수아는 아마 속으로 덜컥 겁이 났을 것이다. 바울의 글을 읽던 디모데도 마찬가지였을 것이다. 이스라엘의 지도자인 모세의 사역과 교회 개척자인 바울의 사역을 이어받는다는 것은 엄청난 일이었다. 당연히 여호수아와 디모데는 자신이 그 일을 해낼 능력이 없다고 느꼈을 것이다. 다시 말해 그들은 스스로를 연약하다고 생각했다. 맡겨진 일에 비추어 볼 때 사실 그들은 정말 연약했다. 하나님을 힘입지 않았다면 결코 그 일을 감당하지 못했을 것이다.

그렇다면 연약함이란 무엇인가? 그것은 철저히 무언가가 부족하다는 개념이다. 우선 신체적 연약함은 체력과 기운이 부족한 것이다. 어쩌면 몸이 건강하지 못할 수도 있다. 그래서 무거운 가구를 거뜬히 옮기거나 하는 등의 힘든 육체노동을 감당하지 못한다. 지적 연약함은 특정한 분야에서의 두뇌 활동에 무능한 것이다. 예컨대 C.S. 루이스(C.S. Lewis)는 수학적인 분야의 능력이 거의 전무했고, 나 자신도 그 분야에서는 숙맥이다. 인격적 연약함은 결단력, 꿋꿋한 성품, 품위, 통솔력 따위가 부족한 것이다. 지위 상의 연약함은 필요한 자원이 부족하여 어떤 상황을 진척시키거나 사건에 뜻대로 영향을 미치지 못하는 것이다. 관계적 연약함은 마땅히 앞장서서 이끌어야 할 사람이 그렇게 하지 못하는 것이다. 연약한 부모나 목사 등이 그런 경우다. 우리는 날마다 다른 사람들의 연약한 모습을 여러 방면으로 확인한다.

만화 『피너츠』(Peanuts)에서 루시가 침울한 찰리에게 고민이 뭐냐고 묻는다. 찰리는 대답한다. "열등감이 들어." 그러자 루시는 말한다. "그런 거라면 고민할 것 없어. 너 말고도 그렇게 느끼는 사람들이 많거든." "남들도 열등감을 느낀다고?"라고 되묻는 찰리에게 루시는 이렇게 대꾸한다. "아니, 남들도 너를 열등하게 본다고." 나는 재치 있는 말놀이를 좋아하다 보니, 솔직히 이 대화가 짜릿하게 느껴진다. 하지만 어떤 사람들에게는 너무 거칠고 잔인한 농담처럼 들릴 것이다. 잘난 루시는 찰리의 우울한 고민을 조롱하고, 그의 초라한 자아상을 은근히 부추긴다. 정말 그 이상도 아니고 그 이하도 아니다. 이 예화에서 보듯 자신이 강하다고 생각하는 사람은 걸핏하면 이를 과시하며 그렇지 않아도 스스로 연약하다고 생각하는 사람을 괴롭힌다. 스스로 연약하다고 생각하는 사람이 그 감정을 지독히 싫어하지 않는다면, 이 농담은 아예 성립되지 않는다. 스스로 강하다고 생각하는 사람이 좀 더 주의하고 자제하여 다른 사람을 대한다면, 세상은 지금보다 덜 고통스러운 곳이 될 것이다.

자신이 연약하다는 느낌은 흔히 패배감과 연결된다. 패배감이 원인일 때도 있고 결과일 때도 있다. 과거에 실패했던 기억이 먹구름처럼 현재의 목표를 뒤덮어 실제로 다시 실패하게 하기도 한다. 그러나 기독교 신앙은 견고한 소망을 장려하고 당면한 문제에 도움을 약속한다. 따라서 두려움과 부정적 자기 암시를 모두 몰아내야 한다. 하지만 늘 그렇게 되는 것은 아니다. 그리스도인은 다른 그리스도인에게 필요한 격려를 베풀어야 하지만, 그런 격려를 베풀지 못할 때가 많다.

사실 우리는 모두 여러모로 연약하고 부족하다. 영적인 면에서는 더 말할 것도 없다. 이 사실을 직시해야 한다. 죄는 모든 관계를 망가뜨리고 우리를 모든 면에서 무능하게 만들었다. 우리는 자신의 한계를 인식해야 하며, 오히려 이를 계기로 겸손한 마음을 가꾸어야 한다. 자아를 의지하지 말고, 자신의 무력함을 깨달아야 한다. 그래야 매순간 우리 구주요 주님이신 그리스도께 의존할 수 있고, 주님께 의존하는 것을 심령의 일관된 습성으로 실천할 수 있다. 그리하여 바울이 일찍이 깨달았던 것처럼 우리도 "내가 약한 그 때에 강함이라"(고후 12:10)라는 진리를 깨달을 수 있다.

지금까지 이 책에서 다룰 중요한 이야기를 했지만, 성급하게 앞서갈 생각은 없다.

바울과 고린도 교인들

그리스도인의 삶과 사역에 참된 열매가 맺히려면 참된 영적 힘이 필요하다. 그런데 참된 영적 힘을 얻는 길은 자아를 의지하지 않는 겸손한 자세에 있다. 우리는 영적인 면에서 의식적으로 자신의 연약함을 인정해야 한다. 그것이 앞에서 말한 진리다. 이제 고린도후서로 깊이 들어가, 그 진리를 밝혀내는 것이 우리의 목표이다. 우리는 신약의 다른 어떤 저자보다도 바울에게서 그것을 분명하게 볼 수 있고, 다른 어떤 책보다 고린도후서에 그것이 가장 명확하게 나와 있다. 바울 서신을 통틀어 그가 가장 궁지에 몰린 상황에서 쓴 서신이 바로 고린도후서이기 때문이다.

바울의 전도를 통해 탄생한 많은 교회 중에서 고린도 교회가 가장 말을 안 듣고, 무질서했으며, 설립자를 함부로 대했다. 현존하는 두 편의 고린도 서신에서 보듯이 고린도 교인들은 에베소나 빌립보, 데살로니가 교인들에 비해 배워야 할 교훈은 많았으나 배우는 속도는 더뎠다. 이미 바울은 고린도 교인들에게 사도의 권위가 무엇이고 왜 그들이 자신의 가르침에 따라 살아야 하는지 최선을 다해 설명했다. 하지만 그들은 별다른 감흥도 없었고, 그의 말을 진지하게 따르지도 않았다. 바울이 그들을 사랑하는 마음을 표현했지만, 그들에게서 돌아온 것은 사랑이 아니었다. 바울이 그들의 삶에 자신을 아낌없이 쏟아 부었지만, 그들은 다른 교사들과 다른 가르침을 더 중시했다. 바울은 겉모습만 번드르르한 사람들로 인해 늘 옆으로 밀려났다. 고린도후서의 배경을 간단히 살펴보면 그 점이 아주 분명해진다.

바울이 고린도에 처음 갔을 때 거의 꼬박 2년을 그곳에 머물렀다. 아마 AD 50-52년이었을 것이다. 유대인들의 방해가 심했지만 이방인 회심자가 많이 나왔다(누가가 사도행전 18장 1-18절에 기록한 바와 같다). 그 후 4년 후쯤 고린도 교회는 바울에게 몇 가지 목회적 질문이 담긴 편지를 보냈다. 이에 대한 바울의 답신이 바로 고린도전서다. 여러 가지 오류와 무질서 때문에 교회

그리스도인의 삶과 사역에 참된 열매가
맺히려면 참된 영적 힘이 필요하다.
그런데 참된 영적 힘을 얻는 길은 자아를
의지하지 않는 겸손한 자세에 있다.
우리는 영적인 면에서 의식적으로 자신의
연약함을 인정해야 한다.

를 꾸짖어야 마땅했지만, 바울은 일단 그들을 온유하게 대하는 선에서 그쳤다. 하지만 얼마 못 되어 그는 급히 그곳으로 가서 문제를 조사해야 했다. 어떤 사람이 진리에서 벗어났을 뿐 아니라 다른 사람들까지 잘못 인도하고 있었기 때문이다.

바울은 그곳을 다녀온 뒤에 그들에게 엄한 편지를 보내 문제의 장본인을 어떻게 치리할지를 밝혔다(누가는 사도행전을 쓸 때 분명히 일정한 분량에 맞추어 복음이 예루살렘에서 로마에까지 진척된 승리를 추적하는 데 주력했다. 그래서 사도행전에서는 이러한 내용이 하나도 언급되지 않았다. 하지만 바울이 이 일을 회고한 고린도후서 2장 1-11절의 어휘를 보면 그의 깊은 고민이 드러난다). 편지를 보내놓고 그는 애가 탔다. 고린도 교인들이 자신의 엄한 편지를 진지하게 받아들이지 않는다면, 공연히 그 편지 때문에 그들을 잃을 수도 있었기 때문이다.

그래서 바울은 디도를 대신 보내서 상황을 알아보게 했다. 디도가 가져온 소식은 바울을 기쁘게 했다. 고린도 교인들이 편지의 내용을 진지하게 받아들이고 적절한 행동을 취한 것이다(고후 7:5-16 참고). 하지만 디도는 다른 소식도 가져왔다. 별로 좋지 않은 소식이었다. "지극히 크다는 사도들"(고후 12:11)이 고린도 교인들을 찾아와 바울의 사역이 다분히 잘못되었다고 말한 것이다. 그래서 바울은 고린도에 다시 가서 그런 비방과 비방하는 자들을 처리하기로 결심했다. 그 준비 작업으로 쓴 편지가 바로 고린도후서다(실제로는 바울이 고린도 교회에 보낸 세 번째 편지다).

그가 이 편지를 쓴 목적은 세 가지다.

첫째, 바울은 고린도 교인들에게 자신이 그들을 사랑한다는 확신을 주고 싶었다. 그래서 그들에게 마음을 열었고, 그들에게도 자신에게 마음을 열라고 당부했다(고후 6:11-13). 1장부터 6장까지 그는 자신이 겪은 고난을 강조한다. 그는 에베소에서 죽을 뻔했고(고후 1:8-10), 고생이 늘 끊이지 않았으며(고후 4:7-18), 미쳤다는 소리까지 들었다(고후 5:13). 또한 열악한 상황 속에서 부당한 대우를 당했다(고후 6:4-10, 11:23-33 참고). 그는 이런 일들을 견딤으로써 사역의 진정성을 입증했다. 그의 명백한 소망은 고린도 교인들이 그 사실을 알아서["이 모든 것이 너희를 위함이니"(고후 4:15)] 자신을 확실하게 존중하는 것이었다.

둘째, 바울은 고린도 교인들이 약정한 헌금이 자기가 그곳에 도착할 때쯤 반드시 다 모여져 있기를 원했다. 이것은 빈민 구제용으로 예루살렘에 가져갈 돈이었다. 예루살렘의 그리스도인들의 상황이 궁핍해져서 재정적 도움이 시급했던 것이다. 그 어려운 성도들을 위해 바울은 자신이 세운 이방인 교회들에서 얼마간에 걸쳐 헌금을 모으던 중이었고, 이로써 그리스도인인 유대인과 이방인 사이의 교제를 실질적으로 돈독하게 하려 했다. 그는 고린도를 거쳐 예루살렘으로 향할 예정이었으므로, 그때 고린도 교회의 헌금을 받아 나머지 돈과 함께 가져갈 수 있기를 바랐다. 8-9장에서 이러한 내용을 기록할 때는 그의 어조가 목회적 권면으로 바뀐다.

셋째, 바울은 자신과 고린도 교인들을 이간질하려는 훼방꾼들의 영향력을 끊고 싶었다. 그들은 바울을 "약하"다고 말하며 대놓고 경멸했다(고후 10:10). 다시 사도적 책망으로 어조를 바꾼 바울은 그들의 지적대로 자신의 연약함을 인정하면서도 자신이 약한 그때에 곧 강하다고 선포한다. 그러면서 자기가 도착할 때에 필요하다면 그리스도께 받은 권능으로 반대 세력을 내버려두지 않겠다고 엄포를 놓는다(고후 12:20-13:4).

연약한 사람이 강해지다

바울이 이 편지에 자신의 연약함을 직설적으로 자세하게 언급한 것은 당연히 고린도의 비판 세력 때문이었다. 바울은 하나님의 섭리로 인한 사역의 고난을 강조했는데, 이는 그가 교회에서나 세상에서나 상대적으로 약했던 자신의 입지를 평소에 늘 의식했다는 증거다. 고린도 교인들 앞에서 자신의 지위에 대해 유보적 입장을 취한 것도 같은 이유에서였다. 그래서 그는 그들에게 헌금을 권할 때도 "이 은혜에도 풍성하게 할지니라"(고후 8:7)라는 말씀과 같이 거의 변명에 가까운 토를 달았다.

내가 명령으로 하는 말이 아니요 오직 다른 이들의 간절함을 가지고(바울은 고린도 교인들이 그 간절함을 본받기 원했다) 너희의 사랑의 진실함을 증명하고자 함이로라. _ 고후 8:8

그러나 바울이 인정한 그의 연약함은 세 번째 단락에서 절정에 달한다. 그는 하나님이 자신을 자만하지 않게 하려고 "내 육체에 가시 곧 사탄의 사자를 주셨으니"(고후 12:7)라고 말한다. 우리는 이 가시가 무엇인지 알 수 없다. 안질인가? 다른 병인가? 불편한 다리인가? 육체의 고통이었던 것만은 분명하다. 그렇지 않다면 육체의 가시라고 표현하지 않았을 것이다. 하지만 그 이상은 정확히 알 수도 없고 알 필요도 없다. 그는 세 번이나 진지하고 간절하게 기도했다고 털어놓는다.

이것이 내게서 떠나가게 하기 위하여 내가 세 번(치유의 대가이신) 주(예수)께 간구하였더니 나에게 이르시기를 내 은혜가 네게 족하도다 이는 내 능력이 약한 데서 온전하여짐이라 하신지라.
_ 고후 12:8-9

결국 바울은 치유받지 못했지만, 그렇다고 버림받은 것도 아니었다. 오히려 그 반대다. 그래서 그는 이렇게 증언한다.

> 그러므로 도리어 크게 기뻐함으로 나의 여러 약한 것들에 대하여 자랑하리니 이는 그리스도의 능력이 내게 머물게 하려 함이라 그러므로 내가 그리스도를 위하여 약한 것들과 능욕과 궁핍과 박해와 곤고를 기뻐하노니 이는 내가 약한 그때에 강함이라.
> _고후 12:9-10

개인적인 후기

그리스도인의 삶과 섬김의 길은 곧 약함의 길이다. 인간의 힘은 언젠가 바닥이 나기 마련이다. 하나님의 힘만이 우리를 지탱하고, 우리에게 능력을 공급한다. 내가 그것을 처음 느낀 것은 청소년 시절이었다. 나는 외톨이에다 약간 침울한 아이였다. 교통사고로 머리가 움푹 패여 10년 동안 시커먼 알루미늄 조각으로 머리를 가리고 학교에 다녀야 했다. 그렇다보니 야외 활동을 할 수 없었다. 그 세월 동안 나는 대부분의 중요한 일에 끼지 못하는 심정이었다. 이 또한 일종의 연약하다는 느낌이었다.

그리스도인의 삶과 섬김의 길은
곧 약함의 길이다. 인간의 힘은
언젠가 바닥이 나기 마련이다.
하나님의 힘만이 우리를 지탱하고,
우리에게 능력을 공급한다.

　　매사에 그런 식으로 느끼는 것은 여러모로 죄이지만, 평생 마음 한구석에서 그것이 떠나지 않았다. 그러다 최근 3년 동안 고관절 탈골을 겪으면서 확실히 그것이 더 깊어졌다(2년 동안 불편하게 절름거려야 했고, 교체 수술 후에도 1년 동안 꾸준하지만 더딘 회복 과정이 이어졌다). 의사가 말하기를, 처음에는 마치 도로에서 트럭에 치인 것처럼 전신에 충격이 가해질 것이고, 심신이 완전히 회복되려면 시간이 걸릴 거라고 했다. 당분간 창의력(나의 경우 집필 능력)도 눈에 띄게 중단될 거라고 했다. 그 3년 동안 나는 육체적 연약함과 인지적 연약함을 직접 체험으로 실감했고, 우울과 낙심을 유발하는 사탄의 술수를 더 잘 알게 되었다. 덕분에 고린도후서를 보는 안목도 더욱 깊어졌다. 바울이 나보다 앞서 이러한 과정을 겪었다는 사실을 깊이 묵상했다. 이 작은 책은 그 산물이다. 이 책의 내용이 나에게 도움이 되었던 것처럼, 당신에게도 도움이 되기 바란다.

이는 그리스도께서 내 안에서
말씀하시는 증거를 너희가 구함이니
그는 너희에게 대하여 약하지 않고
도리어 너희 안에서 강하시니라.

그리스도께서 약하심으로 십자가에
못 박히셨으나
하나님의 능력으로 살아 계시니
우리도 그 안에서 약하나
너희에게 대하여 하나님의 능력으로
그와 함께 살리라.

고린도후서

13:3-4

2. 그리스도와 그리스도인의 소명

무엇이 그리스도인을
그리스도인 되게 하는가?

바울이 미쳤는가?

차차 살펴보겠지만 고린도후서는 다른 바울 서신과는 다르다. 다른 서신을 수신한 교회들은 바울의 모든 말을 사도의 권위(사실은 그리스도의 권위)에서 나온 말로 의심 없이 받아들였다. 그래서 그 서신들 속에 나타난 바울은 사실을 있는 그대로 전달하는 영락없는 교사다. 하지만 고린도후서의 수신자 중에는 바울을 사도로 인정하지 않는 그리스도인이 많았고, 바울도 그것을 알고 있었다. 그들은 그가 미치광이거나 심지어 사기꾼이라고 의심했다. 그래서 바울은 우선 자신에 대한 그들의 신임부터 최대한 회복해야 했다. 바울에게 배우려면 먼저 그들의 마음이

2. 그리스도와 그리스도인의 소명
무엇이 그리스도인을 그리스도인 되게 하는가?

준비되어야 했다.

내 생각에 바울은 그런 상황에 익숙하지 않았던 것 같다. 그래서 고린도후서는 평소 그의 자신감이나 사고를 전개하는 논리적 흐름이 다소 떨어진다. 주제도 일관성이 없고 반복이 많으며, 자꾸 자신에 관한 말로 돌아간다. 이는 모두 수신자를 설득하기 위해서다. 편지를 쓴 바울은 설교자이므로 당연히 교훈적인 방식으로 말한다. 하지만 계속 자신에게 이렇게 묻고 있는 듯하다. '어떻게 하면 고린도 교인들의 마음을 얻을 수 있을까?' 지극히 크다는 사도들이 바울을 깎아내리고 있음에도 고린도 교인들은 마땅히 바울을 사랑해야 했고, 그에게 배워야 했다. 어떻게 하면 그들을 설득할 수 있을까?

우리는 이러한 필요성을 염두에 두고서 살펴보려는 고린도후서 5장 6절부터 6장 2절까지의 본문에 접근해야 한다.

> 그러므로 우리가 항상 담대하여 몸으로 있을 때에는 주와 따로 있는 줄을 아노니 이는 우리가 믿음으로 행하고 보는 것으로 행하지 아니함이로라 우리가 담대하여 원하는 바는 차라리 몸을 떠나 주와 함께 있는 그것이라 그런즉 우리는 몸으로 있든지 떠나든지 주를 기쁘시게 하는 자가 되기를 힘쓰노라 이는 우리가 다 반드시 그리스도의 심판대 앞에 나타나게 되어 각각 선악 간에 그 몸으로 행한 것을 따라

받으려 함이라

우리는 주의 두려우심을 알므로 사람들을 권면하거니와 우리가 하나님 앞에 알리어졌으니 또 너희의 양심에도 알리어지기를 바라노라 우리가 다시 너희에게 자천하는 것이 아니요 오직 우리로 말미암아 자랑할 기회를 너희에게 주어 마음으로 하지 않고 외모로 자랑하는 자들에게 대답하게 하려 하는 것이라 우리가 만일 미쳤어도 하나님을 위한 것이요 정신이 온전하여도 너희를 위한 것이니 그리스도의 사랑이 우리를 강권하시는도다 우리가 생각하건대 한 사람이 모든 사람을 대신하여 죽었은즉 모든 사람이 죽은 것이라 그가 모든 사람을 대신하여 죽으심은 살아 있는 자들로 하여금 다시는 그들 자신을 위하여 살지 않고 오직 그들을 대신하여 죽었다가 다시 살아나신 이를 위하여 살게 하려 함이라

그러므로 우리가 이제부터는 어떤 사람도 육신을 따라 알지 아니하노라 비록 우리가 그리스도도 육신을 따라 알았으나 이제부터는 그같이 알지 아니하노라 그런즉 누구든지 그리스도 안에 있으면 새로운 피조물이라 이전 것은 지나갔으니 보라 새것이 되었도다 모든 것이 하나님께로서 났으며 그가 그리스도로 말미암아 우리를 자기와 화목하게 하시고 또 우리에게 화목하게 하는 직분을 주셨으니 곧 하나님께서 그리스도 안에 계시사 세상을 자기와 화목하게 하시며 그들의 죄를 그들에게 돌리지 아니하시고 화목하게 하는 말씀을 우리에게 부탁하셨느니라 그러므로 우리가 그리스도를 대신하여 사신이 되어 하나님이 우리를 통하여 너희를 권면하시는 것 같이 그리

스도를 대신하여 간청하노니 너희는 하나님과 화목하라 하나님이 죄를 알지도 못하신 이를 우리를 대신하여 죄로 삼으신 것은 우리로 하여금 그 안에서 하나님의 의가 되게 하려 하심이라

우리가 하나님과 함께 일하는 자로서 너희를 권하노니 하나님의 은혜를 헛되이 받지 말라 이르시되

"내가 은혜 베풀 때에 너에게 듣고
구원의 날에 너를 도왔다"

하셨으니 보라 지금은 은혜 받을 만한 때요 보라 지금은 구원의 날이로다.

바울의 사도직을 인정하는 모든 사람에게 고린도후서의 이 대목은 감동의 극치이자 압권이다. 이 본문은 서신 전반부의 절정에 해당한다. 여기서 바울은 자신과 고린도 교인들 사이에 믿음과 사랑, 상호간의 서로 통하는 신뢰를 다시 쌓고자 자신의 속마음을 털어놓는다. 그러기 위해 그는 자신의 동기가 하나님의 종된 자세에 있음을 강조한다.

상대와 좋은 관계를 유지하기 위한 기본은 상대를 움직이게 하는 힘이 무엇인지 아는 것이다. 부부 관계나 부모와 자녀의 관계를 생각해 보면 틀림없이 이 말에 수긍하게 될 것이다. 바울도 여기서 자신을 뭔가에 이끌리는 사람으로 제시한다. 그러

면서 자신을 이끄는 동력이 무엇인지 밝힌다. 고린도 교인들은 교회 개척에 쏟아 붓는 바울의 엄청난 에너지와 열정을 정신적 불균형의 결과라고 의심했다. 쉽게 말해서 바울을 미친 사람, 광신자로 본 것이다. 바울도 그것을 알고 있었다.

그러나 바울은 그런 생각을 대수롭지 않게 여긴다.

> **우리가 만일 미쳤어도**(헬라어 단어 또한 말 그대로 실성했다는 뜻) **하나님을 위한 것이요**(우리와 그분 사이의 일이니 너희가 상관할 바가 아니며) **정신이 온전하여도 너희를 위한 것이니**(따라서 너희는 우리를 진지하게 대해야 한다). _ 고후 5:13

여기서 본문의 "우리"라는 복수는 영어 문장에 흔히 쓰이는 불특정 다수가 아니라 1장 1절에 편지의 발신자로 밝혀진 바울과 디모데 두 사람을 가리킨다. 3장 1절부터 바울은 모든 말에 디모데를 포함시킨다.

바울은 고린도 교인들에게 이렇게 자문할 것을 당부한다. '어쩌면 바울과 디모데가 제정신인지도 몰라. 우리가 그들을 조롱하고 비하하는 게 잘못일지도 몰라. 우리가 과연 그들을 제대로 알고 있는 걸까? 그들의 말처럼 결국 그들을 우리 믿음과 삶의 길잡이로 봐야 하지 않을까?' 나는 고린도 교인들과 함께 당신도 이 질문에 정직히 맞서길 바란다.

바울의 동기

바울은 고린도 교인들이 자신을 제대로 이해해주기를 간절히 바랐다. 그래서 자신의 속마음을 솔직히 털어놓았다. 그에게 예수 그리스도를 섬기는 삶은 고통으로 가득한 위험천만한 것이었다. 바울은 그 삶을 평생토록 살았던 동기를 세 가지로 설명한다. 그를 움직인 세 가지 동기는 서로 구별되면서도 겹쳐진다. 한 가닥의 새끼줄처럼 서로 맞물리고 꼬여서 그리스도의 놀라운 정체와 사역에 대한 반응을 이룬다. 우리 앞에 나타나신 그리스도는 성육신하여 연약해지신 하나님, 곧 가난한 유대인 소녀의 아기다. 그리스도는 3년의 공생애 시기 동안 사회의 종교를 전복시킨 아웃사이더셨다. 그리스도는 골칫거리 혁명가로 몰려 연약하게 십자가에 못 박히셨다. 그리스도는 바울을 사랑하여 그의 죄를 지셨고, 십자가에서 그를 향한 하나님의 진노를 대신 받으셨다. 그리고 부활하여 다스리시다가, 장차 다시 오실 주님이자 생명이며 소망이 되셨다.

바울의 세 가지 동기는 다음과 같다.

항상 그리스도를 기쁘시게 하기 원했다

> 그런즉 우리는 몸으로 있든지(아직 이 땅에 살든지) 떠나든지(천국에 가든지) 주를 기쁘시게 하는 자가 되기를 힘쓰노라.
>
> _ 고후 5:9

이것이 바울의 고백이다. 당신의 마음을 조금이라도 차지한 사람들(배우자, 형제자매, 자녀, 친구, 스승, 은인 등)을 기쁘게 하려면 많은 수고가 따른다. 상상력과 공감, 노력이 필요하다. 당신을 향한 상대의 바람과 기대, 상대가 좋아하고 싫어하는 것, 당신에 대한 친밀감의 정도 등을 알아야 한다.

우리 구주요 주님을 어떤 상황에서든 항상 기쁘시게 하는 것, 그것이 삶의 가장 중요한 동기인가? 바울의 삶의 동기는 주님을 기쁘시게 하는 것이었다. 이러한 동기를 따라 살려면 당시의 바울처럼 지금의 우리도 희생을 감내해야 한다. 우선 예수를 지속적으로 사랑해야 한다. 그분의 전부를 있는 그대로 경배하고, 그분이 넓게는 온 세상의 잃어버린 인류와 좁게는 죄인인 나를 위하여 행하신 모든 일에 감사해야 한다. 우리가 알고 있는 그분의 모든 명령에 지속적으로 순종해야 한다. 방종에 빠지려는 유혹을 끊임없이 경계해야 하며, 언제나 영적인 나태와 게으름, 무관심에 맞서서 싸워야 한다. 모든 사람을 하나님의 형상대로 지음 받은 인격체로 존중하고 돌보아야 하며, 매사에 자아를 부인해야 한다. 자아에 함몰되어 적극적인 이웃 사랑을 밀쳐내고 저버려서는 안 된다. 아침부터 저녁까지 거룩해야 하고, 날마다 그리스도를 증언할 기회를 찾아야 하며, 날마다 그리스도의 나라가 진척되어 곤궁에 처한 사람들이 복을 누리도록 기도해야 한다.

그리스도를 기쁘시게 하려고 전심전력하는 삶에는 바울이 알았던 기쁨이 있다. 그러나 그와 함께 아이작 와츠(Isaac Watts)의 "놀라운 사랑(십자가에서 표현된 그리스도의 지고한 사랑) 받은 나 몸으로 제물 삼겠네"라는 찬양의 필연성도 부인할 수 없다(찬송가 149장 4절 가사—역주).

심판 날에 그리스도 앞에 온전히 충성된 모습으로 서기 원했다

그의 고백은 이렇게 이어진다.

이는 우리가 다 반드시 그리스도의 심판대 앞에 나타나게 되어 각각 선악 간에 그 몸으로 행한 것을 따라 받으려 함이라.

_ 고후 5:10

여기서 우리가 유의해야 할 것이 있는데, 그것은 이 구절이나 이와 유사한 구절들을 통해 바울이 말하고자 하는 바를 오해하지 않는 것이다. 지금 바울은 개인의 구원에 대해 말하는 게 아니다. 자신의 헌신적인 섬김을 공로로 여기며 최후의 칭의를 얻으려는 것도 아니다. 그런데 예로부터 아우구스티누스를 비롯한 천주교 교부들은 이 구절을 그렇게 해석했다.

여기서 분명히 짚고 넘어가자. 칭의란 우리가 어디에서 영원을 보낼 것인가에 대한 하나님의 최종 선언이며, 이 판결은 우리가 살아 있는 믿음으로 그리스도께 나아오는 순간 내려진다. 그때가 정확히 언제인지는 하나님께 달려 있다. 그분만이 능히 사람의 마음을 읽으시고 각자의 경우마다 그 시점을 분별하신다. 하지만 그리스도를 확실히 믿고 회개한 사람들에게 다음과 같은 확신을 심어주는 일은 신학적으로나 목회적으로 언제나 옳은 일이다. 즉 하나님이 그리스도를 통해 그들에게 영원한 천국을 보장하셨다는 사실이다. 이 판결의 근거는 결코 우리 자신의 바울의 삶의 동기는 주님을 기쁘시게 하는 것이었다. 이러한 동기를 따라 살려면 당시의 바울처럼 지금의 우리도 희생을 감내해야 한다. 우선 예수를 지속적으로 사랑해야 한다. 그분의 전부를 있는 그대로 경배하고, 그분이 넓게는 온 세상의 잃어버린 인류와 좁게는 죄인인 나를 위하여 행하신 모든 일에 감사해야 한다. 우리가 알고 있는 그분의 모든 명령에 지속적으로 순종해야 한다. 방종에 빠지려는 유혹을 끊임없이 경계해야 하며, 언제나 영적인 나태와 게으름, 무관심에 맞서서 싸워야 한다. 모든 사람을 하나님의 형상대로 지음받은 인격체로 존중하고 돌보아야 하며, 매사에 자아를 부인해야 한다. 자아에 함몰되어 적극적인 이웃 사랑을 밀쳐내고 저버려서는 안 된다.

행위에 있지 않고, 우리 죄를 지시고 십자가에서 고난당하신 예수께 있다. 이후에 자세히 살펴보기로 하자.

그 판결이 떨어지는 순간부터 그리스도인들이 누리는 특권이 있다. 바로 이 땅에서의 삶이 끝나면, 그리스도와 함께 영원한 영광을 누릴 수 있다는 확신 가운데 살아가는 것이다. 신자들은 불안이나 공포, 두려움 없이 죽음을 맞이할 수 있다. 다른 모든 것이 변할지라도 자신이 그리스도로 말미암아, 그리스도 안에, 그리스도와 함께 있을 것과 그분처럼 영원히 영화롭게 될 것을 알기 때문이다.

그런데 헬라어 원문을 토대로 바울의 말을 살펴보면 그리스도인이 된 이후의 이력("그 몸으로 행한 것")이 최후의 심판 때에 신자들을 운명처럼 따라온다는 것을 알 수 있다. 이것은 구원에 대한 말이 아니라 이른바 상급에 대한 말이다. 상급이란 하나님이 우리의 충성스러운 섬김을 인정해주시는 일이다. 이 부분에서 내게 가장 큰 도움이 된 사상가는 C. S. 루이스이다. 그는 이렇게 묻는다. 사랑에 빠진 남자가 여자에게 다가가 구애하고 결혼을 내다보며 약혼할 때, 그가 원하는 것은 무엇인가? 답은 이미 시작된 관계를 더 많이 누리기 원한다는 것이다. 그는 가능한 한 가장 깊고 풍요로우며 만족스러운 방식으로 상대와 함께

하기 원한다. 다시 말해 이미 있는 것이 더 많아지기 원한다.

루이스는 상급에 대한 말씀도 그와 비슷하게 보았다. 신약의 저자들은 물론 예수께서도 그분의 충성된 종들이 최후의 심판 때 받을 상급을 말씀하셨다. 상급은 특권과 영예, 만족과 기쁨의 개념으로 묘사된다. 그야말로 잔치와 면류관과 다스림이라는 은유에 담긴 핵심적 의미. 성경에 자세히 명시된 대로 신자들은 영원히 그리스도와 함께 지내며 그분의 얼굴과 그분의 영광을 볼 것이다(요 17:24, 계 22:4 참고). 또한 그분과 함께 다스릴 것이며(딤후 2:12) 그분과 함께 영광을 누릴 것이다(롬 8:17).

고린도전서에도 동일한 주제에 대한 바울의 가르침이 나온다. 거기에 보면 그리스도인들은 교회의 지속되는 삶 속에서 그리스도라는 터 위에 모든 것을 건축한다. 그들이 건축한 재료가 "금이나 은이나 보석"인지, "나무나 풀이나 짚"인지, "그날"(심판 날)에 불을 통해 각각 가려진다. 전자는 불꽃을 이기고 살아남겠지만, 후자는 살아남지 못한다(고전 3:12, 13). 이것은 내사에 선성이고, 고집스러우며, 경박하고, 교만하며, 분열을 일으키던 사람들을 염두에 두고 한 말이다. 그들의 영향력은 건설적이지 못하고 오히려 파괴적이었다. 오늘날에도 많은 교회에서 이런 사람들이 문제가 된다. 바울의 말은 이렇게 이어진다.

만일 누구든지 그 위에 세운 공적이 그대로 있으면 상을 받고 누구든지 그 공적이 불타면 해를 받으리니 그러나 자신은 구원을 받되 불 가운데서 받은 것 같으리라. _ 고후 3:14-15

건물에 화재가 나면 황급하게 빠져나오듯이, 모든 것을 불타게 남겨두고 나와야 한다는 뜻이다. 이 경우 탈출자가 받을 "해"가 무엇인지는 구체적으로 밝혀져 있지 않다. 하지만 바울이 단호하게 말했듯이 그것은 구원의 상실까지는 아니더라도, 엄연히 심각한 상실을 초래한다. 반면 그리스도의 교회에서 예배와 세상을 향한 사랑의 섬김에 충성되게 기여한 사람들에게는 상급이 있다.

계속해서 바울은 "우리는 주의 두려우심을 알므로 사람들을 권면하거니와"(고후 5:11)라고 말한다. 그는 자신과 동료들도 다른 모든 그리스도인처럼 회심 이후에 구주를 어떻게 섬겼는지 장차 하나님께 보고해야 함을 알았고, 그 책임 앞에서 마음이 한없이 숙연하고 두려웠을 것이다. 그래서 하나님이 맡기신 전도 사역에 동료들과 함께 전심으로 자신을 쏟아 부었다. 본문의 "두려우심"이라는 말은 평범한 의미의 두려움을 나타내는 헬라어로, 대개 겁이나 공포를 야기하는 불안한 예감을 뜻한다. 하지만 여기서는 언약 관계 안에서 하나님을 공경하고 예배하며, 그분을 경외하고 그분께 겸손히 충성해야 한다는 구약의 특수한 의미로 쓰였다(여호와를 경외함이 지혜의 근본이라는 말씀과 같은 맥락이다). 겁과 공포의 의미는 조금도 들어 있지 않다.

그래서 바로 뒤이어 바울은 하나님이 본분에 충실한 전도자들을 아신다고 말하며, 고린도 교인들도 자신과 디모데를 그렇게 알았으면 좋겠다고 덧붙인다. 그와 디모데도 다른 일꾼들처럼 한없이 진지하게 사역에 임하고 있다는 뜻이다. 그것은 그야말로 생사가 걸린 일이며(고후 2:15-17 참고), 따라서 그 사역을 하는 모든 일꾼은 그리스도께 속한 모든 이에게 마땅히 존중받아야 한다(고후 5:11). 고린도 교인들은 그 점을 받아들여야 했고, 거기에 근거하여 바울 일행을 받아들여야 했다. 그렇게 한다면 바울의 말대로 그들은 "마음으로 하지 않고 외모로 자랑하는 자들에게 대답"(고후 5:12)할 수 있다. 그들은 특히 바울의 진지한 교육 방식과 가르침의 내용을 악의적으로 조롱하던 "지극히 크다는 사도들"에게도 대응할 수 있게 된다.

여기서 바울의 가장 중요한 동기로 넘어간다.

그리스도의 사랑이 처음부터 끝까지 강권하고 이끌며 지배했다

바울은 "그리스도의 사랑이 우리를 강권하시는도다"(고후 5:14)라고 말했다. 여기 "강권하다"(일부 역본들에는 "지배하다"라고 되어 있다)라고 번역된 동사에는 이끌고 지배한다는 의미가 전부 들어 있다. 또한 "사랑"은 신약의 전문 용어인 "아가페"다. 이 사랑의 목적은 모든 면에서 상대를 존귀하게 만드는 것이며, 그 목적을 이루기 위해 필요하다면 어떠한 수단도 아끼지 않는다. 우리의 영혼을 사랑하시는 예수 그리스도는 두 가지 위대한 행위를 통해 우리의 구주가 되셨다. 바울은 곧 그 사실에 초점을 맞춘다.

> 한 사람이 모든 사람을 대신하여 죽었은즉 모든 사람이 죽은 것이라 그가 모든 사람을 대신하여 죽으심은 살아 있는 자들로 하여금 다시는 그들 자신을 위하여 살지 않고 오직 그들을 대신하여 죽었다가 다시 살아나신 이를 위하여 살게 하려 함이라.
> _ 고후 5:14-15

죄인을 구원하는 직접적 요인이 그리스도의 죽음인가 아니면 부활인가 하는 의문이 간혹 제기된다. 답은 양쪽 모두이다. 하나의 중요성을 다른 쪽보다 축소하면 그때부터 답이 왜곡된다. 다시 말해, 그리스도는 우리 죄를 대신 지시고 우리를 대표하여 죽으셨다. 따라서 우리도 그분과 함께 죽었다. 믿지 않던 때의 삶을 자진해서 끝냈다는 의미에서 그렇다. 그분을 믿는 우리는 자신을 이런 관점에서 보아야 한다. 하지만 그게 전부는 아니다. 그리스도는 첫 열매로 죽음에서 부활하여 우리에게 생명을 주셨다. 따라서 우리도 그분과 연합하여 그분과 함께 살아났다. 그분을 믿는 우리는 자신을 이런 관점에서도 보아야 한다. 이제 우리는 그분의 부활 생명에 동참한다. 바로 그 생명으로부터 우리의 의지와 방향, 거룩한 추진력이 나온다. 바울은 "나도 내 속에서 능력으로 역사하시는 이의 역사를 따라 힘을 다하여 수고"한다고 고백했다(골 1:29). 이는 바로 사역과 섬김의 초자연적 동력을 의미한다.

이제 우리는 이전과는 다른 사람이 되었다. 물론 어떤 면에서는 동일하지만, 어떤 면에서는 돌이킬 수 없는 결정적인 변화가 일어났다. 이제 우리는 이전처럼 독자적으로 살아가지 않고 우리를 사랑하시는 그리스도께 응답하며 살아간다. 그분은 이미 구속의 사랑을 베풀어 우리를 구원하셨고, 우리의 새로운 삶을 향해 자비로운 목적을 품고 계신다. 그분의 사랑과 목적이 온 힘을 다해 우리에게 영향을 미친다. 또한 모든 적절한 방식으로 그 상태가 영원토록 지속된다. 이 사실로 인해 하나님을 찬양한다!

갈라디아서 2장에도 변화된 그리스도인의 정체성에 대한 말씀이 있다. 여기에서도 어김없이 바울은 우리의 본이 된다.

> 내가 그리스도와 함께 십자가에 못 박혔나니 그런즉 이제는 내가(그리스도를 떠나) 사는 것이 아니요 오직 내 안에 그리스도께서 사시는 것이라 이제 내가 육체 가운데 사는 것은 나를 사랑하사 나를 위하여 자기 자신을 버리신 하나님의 아들을 믿는 믿음 안에서 사는 것이라. _ 갈 2:20

"그리스도와 함께 십자가에 못 박혔나니"라는 말씀은 고린도후서 5장 14절의 "모든 사람이 죽은 것이라"에 상응하며, "하나님의 아들을 믿는 믿음 안에서 사는 것이라"라는 말씀은 고린도후서 5장 15절의 "살아 있는 자들로 하여금 다시는 그들 자신을 위하여 살지 않고…(그리스도를) 위하여 살게 하려 함이라"라는 말씀과 대구를 이룬다. 여기서 바울이 말하는 삶은 새로운 동기를 품고 새로운 주인의 지배를 받는다는 의미에서 새로운 삶이다. 그 삶은 이전에 없었던 비전과 방향, 교제와 목적, 잠재력을 품고 있다.

고린도후서 5장 16-21절에는 그리스도의 능동적 사랑이 죄인의 삶에 일으킨 변화가 더 자세히 나온다. 16절을 보라.

> 그러므로 우리가 이제부터는 어떤 사람도 육신을 따라 알지 아니하노라 비록 우리가(바울도 그랬다!) 그리스도도 육신을 따라 알았으나 이제부터는 그같이 알지 아니하노라.

첫 번째 변화는 바로 새로운 인간관이다. 새 생명을 부여받은 신자들은 내면의 사고방식이 완전히 달라졌으며, 그에 따라 주 예수를 보는 눈부터 다른 사람들을 보는 눈까지도 달라진다. 신자들은 더 이상 타인(그리스도를 포함하여!)을 순전히 인간적이고 세속적인 기준으로 평가하지 않는다. 사회에서 그가 끼치는 적합성과 효용성만을 따지지(그것이 "육신을 따라"라는 말에 명백히 함축된 의미다) 않는다는 말이다. 대신 신자들은 이웃을 하나님도 없고 소망도 없는 잃어버린 영혼으로 보며, 잃어버린 영혼을 돕는 가장 중요한 길은 복음을 전하는 것임을 결코 잊지 않는다.

이제 우리는 이전과는 다른 사람이 되었다.
물론 어떤 면에서는 동일하지만,
어떤 면에서는 돌이킬 수 없는 결정적인 변화가
일어났다. 이제 우리는 이전처럼 독자적으로
살아가지 않고 우리를 사랑하시는
그리스도께 응답하며 살아간다.
그분은 이미 구속의 사랑을 베풀어 우리를
구원하셨고, 우리의 새로운 삶을 향해 자비로운
목적을 품고 계신다. 그분의 사랑과 목적이
온 힘을 다해 우리에게 영향을 미친다. 또한 모든
적절한 방식으로 그 상태가 영원토록 지속된다.
이 사실로 인해 하나님을 찬양한다!

이어서 17절을 보자.

> 그런즉 누구든지 그리스도 안에 있으면 새로운 피조물이라 이전 것은 지나갔으니 보라 새것이 되었도다.

두 번째 변화는 새로운 존재 양식이다. 진지하게 예수님을 구주와 주님으로 처음 받아들이고 그분께 헌신하는 순간, 우리는 그분과 연합한다. 예수 그리스도와 연합하면 그분의 새로운 창조 능력을 경험하게 된다. 그분은 그 능력으로 세상을 창조하셨고 지금도 붙들고 계신다. 또한 그 능력으로 각 사람을 모태에서 만들고 빚으신다. 그리스도를 믿는 사람이라면 누구나 알듯이, 우리는 이전의 자신과도 달라졌고 주변 이웃들(그리스도인들을 제외한)과도 달라졌다. 다만 정확히 어떻게 달라졌는지는 말하기 어려울 때가 많다. 하지만 여기서 바울은 이미 발생한 변화에 대한 신학을 제시한다. 즉 개인의 영원한 부활 생명이 재창조되어 이미 각자의 것이 되었다는 사실이다. 이 생명은 부활하신 그리스도로부터 비롯된 것이자 그분과 공유하는 것이다.

불가사의한 대체 代替

이 대목에 우리의 시선을 사로잡는 내용이 나온다. 이곳에만 나오는 것은 아니고 바울 서신의 다른 곳들에서도 나오며, 이보다 더 규모가 클 때도 있다. 예컨대 로마서 5장과 8장, 에베소서 1-2장이 그런 경우다. 설교자 바울은 본문을 구술하다가 특유의 선포하는 방식으로 넘어간다. 그의 입에서 열광적 찬송의 선언이 터져 나오면서, 하나님이 그리스도를 통해 베푸신 은혜의 넓고도 놀라운 범위가 기술된다. 이 충만한 은혜를 최대한 온 세상에 알리는 것이 바울의 특권이었다. 이 장면을 음악 용어로 표현하자면, 바울 서신의 스포르찬도(Sforzando, 그 음을 특히 세게)와 포르티시모(Fortissimo, 매우 세게)라고 할 수 있다. 이 강세의 순간들은 그가 각각의 본문 앞부분에서 말하는 세부사항의 뼈대가 된다.

고린도후서 5장의 경우는 18절에서 포르티시모가 시작된다.

> 모든 것(지금까지 언급한 구원의 모든 측면)이 하나님께로서(정말 하나님께로서) 났으며 그가 그리스도로 말미암아 우리를 자기와 화목하게 하시고 또 우리에게 화목하게 하는 직분을 주셨으니.

2. 그리스도와 그리스도인의 소명
무엇이 그리스도인을 그리스도인 되게 하는가?

이어 "곧"으로 시작되는 부연 설명을 통해 이 선포의 의미를 자세히 해석한다. 바울처럼 나도 화목에 초점을 맞추어 그의 분석을 세 가지 주제로 논하고자 한다. 즉 화목의 의미, 화목하게 하는 방법, 화목하게 하는 직분에 대해 순차적으로 살펴볼 것이다.

화목의 의미

화목하게 한다는 것은 중대한 개념을 표현하는 중대한 말이다. 소외와 적대, 분리의 상태를 친밀함과 애정, 조화와 함께하는 상태로 완전히 되돌리는 전 과정을 가리킨다. 사람은 누구나 처음에 적대와 분리의 상태에 놓여 있으며, 따라서 거룩한 재판장이신 하나님께 죄와 허물에 대한 응분의 심판을 받을 수밖에 없다. 죄는 날마다 각 사람을 에워싸고 더럽힌다. 그래서 우리는 부정한 구덩이 속에 아무렇게나 빠져든다. 그런데 이제 하나님과 친밀한 새로운 상태로 있는 것이 유대인이나 이방인 모두에게 가능해졌다. 이를 위해 그리스도가 기꺼이 성육신하여 잉태되셨고, 십자가에서 속죄를 이루셨으며, 죽은 자 가운데서 부활하셨다. 또한 성령이 각자의 머리와 가슴을 통해 죄인을 부르시고, 거룩한 재판장의 최종 판결로 죄인을 의롭다 칭하신다.

화목하게 하는 방법

바울은 고린도후서 5장 21절에서 이렇게 말한다.

> (성부)하나님이 죄를 알지도 못하신 이(성육신하신 아들 예수 그리스도)를 우리를 대신하여 죄로 삼으신 것은 우리로 하여금 그 안에서 하나님의 의가 되게 하려 하심이라.

이 놀라운 진술을 이해하려면 중요하게 알아야 할 것이 있다. 고딕체와 밑줄이 생겨나기 전, 헬라어 작가들은 형용사 대신 추상명사로 강조를 표현했다. 로마서 8장 7절에서 이러한 예를 볼 수 있다. 이 말씀의 헬라어를 직역하면 "육신의 생각은 하나님께 원수이니"가 된다(일부 역본에는 "적대적이니"라는 형용사로 옮겨져 있다). 바울은 이와 똑같은 용법을 고린도후서의 이 말씀에도 사용했다. 즉 하나님이 그리스도를 "죄로 삼으신 것"(하나님이 죄가 없으신 그분을 죄인처럼 대하고 여기셨다는 뜻)은 우리로 하여금 그분 안에서(우리가 성령으로 말미암아 그리스도를 믿고 그분과 연합했다는 뜻) "하나님의 의"(하나님의 판결을 받아 그분과 의로운 관계가 되었으며, 유죄이지만 이후로는 영원토록 형벌을 받지 않고 용서받아 수용되었다는 뜻)가 되게 하려 하심이라고 했다.

바울이 쓴 "하나님의 의"라는 말에 대해 다른 본문들에서는 학자들의 견해가 각각 다를 수 있으나, 고린도후서 5장에서만은 분명히 이와 같은 의미다! 이렇듯 하나님이 화목하게 하시는 방법은 양방향의 전가(轉嫁)나 대체(代替)로 계시된다. 한편으로 주 예수께서 우리가 당해야 할 형벌(죽음을 거쳐 지옥으로 추방되는 일)을 대신 당하셨다. 반면에 우리는 아들 예수님을 기뻐하시는 아버지의 영원한 인정(認定)을 그분과 함께 누리게 되었다. 언제나 아버지께 충성과 사랑과 순종을 바치시는 예수님이 세상 죄를 지고 속량하셨다. 이로써 응분의 정의는 단번에 실현되었고, 이제 정당한 칭의(시행된 정의에 기초한 칭의)가 우리의 것이 되었다.

이 양방향의 행위는 모두 하나님 편에서 이루신 것이므로 당연히 위대하고, 놀라운 대체라 부를 만하다. 나는 그것을 최대한 강조하여 '불가사의한 대체'라 부르고 싶다. 감당할 수 없고 믿기 힘들 만큼 대단한 일이다. 거룩한 사랑이 행동으로 나타났다. 이것은 성부 하나님의 거룩한 사랑이다. 그분은 자기 아들을 이 세상에 보내 우리 죄를 위해 죽게 하셨다. 이것은 성자 하나님의 거룩한 사랑이다. 그분은 모든 사람을 사랑하여 그들의 죄를 대신 지셨다. 아울러 이것은 성령 하나님의 거룩한 사랑이다. 그분은 우리 마음속에 역사하여 믿음을 주고 그 믿음을 지속시키신다. 그로 인해 하나님의 은혜이자 최고의 선물인 화목과 수용의 복이 우리의 것이 된다.

흔히 그리스도의 의가 우리에게 전가된다고 말한다(이는 어원상 회계 용어로, 우리의 계좌에 계산된다는 뜻이다). 이 말은 그리스도께서 우리를 위해 행하고 겪으신 일을 하나님이 마치 우리가 직접 행하고 겪은 것처럼 위장하신다는 뜻이 아니다. 이 말은 우리가 믿음으로 그리스도와 연합했고 그분이 성령으로 우리와 연합하셨으므로, 우리가 그분의 지위와 신분에 영원히 동참한다는 뜻이다. 그분은 본래부터 그러한 지위와 신분의 존재이셨고, 우리에게 행하신 일을 통해 그것이 더욱 확증되었다. 영국 사회에서는 평민 여자가 귀족과 결혼하면 귀부인이 된다. 공작과 결혼하면 공작부인이 되고 왕과 결혼하면 왕비가 된다. 순전히 남편이 누구냐에 따라 그 남편의 지위가 아내를 품는다. 그리하여 그 아내의 지위도 남편과 같게 된다. 하나님은 성육신하신 아들을 온전히 의롭고 공경받아 마땅한 존재로 지금부터 영원까지 품으신다. 바로 그분이 아들 때문에 우리까지도 품으신다(21절). 아들이신 예수님이 우리를 위해 행하신 일 덕분이다. 이것이 바로 우리를 화목하게 하시려고 하나님이 정하신 방법이다.

화목하게 하는 직분

바울은 화목하게 하는 직분에 대해 거듭 말한다. 다음의 말씀들에 주의를 기울여보라.

> 그(하나님)가…우리에게 화목하게 하는 직분을 주셨으니…화목하게 하는 말씀을 우리에게 부탁하셨느니라. _ 고후 5:18-19

> 그러므로 우리가 그리스도를 대신하여 사신이 되어 하나님이 우리를 통하여 너희를 권면하시는 것 같이 그리스도를 대신하여 간청하노니 너희는 하나님과 화목하라. _ 고후 5:20

> 우리가…너희를 권하노니 하나님의 은혜를 헛되이 받지 말라. _ 고후 6:1

바울은 하나님이 고린도 교회를 대상으로 자신과 디모데에게 맡기신 일, 즉 복음을 전하고 교회를 개척하는 사역에 대해 말한다. 그 점은 명백해서 굳이 거론할 필요조차 없다. 하지만 그리스도의 사신이라는 그들의 직분과 섬김은 고린도 시민들에게만 국한된 것이 아니었다. 하나님의 계획도 그렇지 않았고, 바울도 그렇게 생각하지 않았다. 알다시피 바울은 자신이 소아시아와 그리스, 멀리 서쪽으로 스페인의 성읍들에 이르기까지 복음을 전하도록 부름받은 교회 개척의 선구자로 보았다. 또 하나 분명한 것은 바울이 세상에 존재하는 복음의 전도자가 자기와 디모데뿐이라고 생각하지 않았다는 것이다. 그렇다면 바울의 표현대로 "그리스도를 대신하여 사신"이 된 복음 전도자의 범위는 얼마나 넓고 포괄적일까?

가서 모든 민족을 제자로 삼으라고 하신 그리스도의 지상대명령은 사도들에게 주어졌지만, 그들은 앞으로 생겨날 모든 교회를 대표하는 인물들이었다. 방금 살펴본 바울의 말을 우리는 당연히 지상대명령이라는 전체 틀에 부합하는 말로 보아야 한다. 모든 그리스도인은 앞에서 살펴본 바울의 삶의 세 가지 동기를 공유해야 한다. 마찬가지로 모든 그리스도인은 자신을 교회의 소명에 동참하는 자로 여겨야 한다. 교회의 소명이란 제자를 삼을 목적으로 최대한 멀리까지 두루 그리스도를 알리는 것이다. 우리는 모두 그리스도를 신뢰하고 사랑하며, 예배하고 섬기도록 부름받았다. 또한 여러 모양으로 이웃 사랑을 실천하도록 부름받았다. 그중 하나가 전도다. 온 세상의 교회는 예배 공동체뿐만 아니라 선교 공동체로 부름받았다. 따라서 모든 그리스도인은 지속되는 교회 생활 속에서 양쪽에 본분을 다해야 할 사명이 있다.

연약함과 소명

지금까지 살펴본 내용은 이 책의 중심 주제인 연약함의 길과 무슨 관계가 있는가? 이것이 연약함이라는 문제와 어떠한 연관이 있는가? 지금부터 살펴보도록 하자.

앞서 말했듯이 연약함이란 자신이 도달하고 싶은 어떤 기준이나 이상(理想)에 비해 부족하거나 모자란 상태다. 이미 지적했듯 연약함은 많은 형태로 나타난다. 몸이 약하면 운동을 잘하기 어렵다. 체력이 약하면 온갖 병에 걸리기 쉽다. 실력이 약하면 종업원이나 상인, 기업가로서 제약이 있다. 기억력이 약하면 최고의 교사나 관리자가 되기 어렵다. 성품이 약하면 지도자나 부모, 트레이너나 팀장은 물론 어쩌면 팀원으로서도 적절하지 않다. 다른 부분의 연약함도 마찬가지다.

그러나 연약한 사람도 생각은 할 수 있으니, 자신이 연약하다는 주관적인 생각을 하지 않기는 힘들다. 그 의식은 열등감, 즉 찰리 브라운 증후군이 되어 자신이 쓸모없고 못났다는 느낌을 낳는다. 그래서 의기소침하고 우울해진다. 이것은 결코 사람이 품고 살 만한 행복한 감정은 아니다. 연약하다는 느낌은 사람의 실존 자체에 먹구름을 드리운다. 세상은 타락한 곳이고 모든 인간은 원죄에 물들어 있다. 원죄는 자만심, 야심찬 독립심, 뿌리 깊은 이기심 등의 모습으로 나타난다. 그래서 우리는 모두 자신이 어떤 부분에서는 강하다고 인정받기를 갈망한다. 그런데 그런 일이 없으리라는 예감이 들면서 스스로가 바람 빠진 풍선처럼 느껴지고 마음속에는 원한이 싹튼다. 그러나 우리가 살펴본 복음의 메시지는 우리에게 현실을 직시할 것을 촉구한다. 우리의 죄성, 연약함, 실제의 허물은 물론이고 그 결과 하나님 앞에 유죄인 상태를 솔직하게 인정하라는 것이다. 그리고 복음은 하나님의 이름으로 우리에게 다음과 같은 본질적 처방을 내린다.

그리스도를 바라보라. 사랑으로 당신의 죄를 담당하신 그분은 지금도 살아 계신 주님이시다. 그분을 당신의 구주와 주님으로 모셔 들이라. 의식적으로 자신의 이익을 도모하던 옛 삶을 그분의 임재 안에서 버리기로 결단하라. 그 삶은 원한, 자기 연민, 타인을 향한 시기심, 패배감 등으로 얼룩져 있었다. 그 삶을 버리면 당신은 그분의 충실한(즉 믿음이 충만한) 제자가 되어 그분의 보호 아래서 그분의 기준대로 살아갈 수 있다.

그리스도를 사랑하라. 그분이 당신을 한없이 사랑하시니 당신도 한없이 감사하는 마음으로 사랑하라. 매사에 그분을 기쁘시게 하고자 힘쓰라. 그분의 사랑이 늘 당신을 강권하고 주장하며 지배하고 위로하며 주관하게 하라. 바울처럼 당신도 더 이상 어떤 식으로든 사람의 인정을 중시하지 말라[일찍이 바울은 고린도 교인들에게 "너희에게…판단 받는 것이 내게는 매우 작은 일이라…다만 나를 심판하실 이는 주시니라"라고 썼다(고전 4:3-4)]. 당신도 바울처럼 살고 사랑하라. 그러면 뜨거운 열망이 당신의 우울하고 냉담한 마음을 몰아낼 것이다.

그리스도를 의지하라. 그분을 의존하면 성령이 그분을 섬기는 데 필요한 모든 힘을 공급해주신다. 불행한 환경이나 매정한 사람들 때문에 자신이 너무나 연약하게 느껴지더라도 말이다.

앞서 보았듯 바울은 고린도 교인들과 "지극히 크다는 사도들"이 자기를 "약하다"고 비방할 때 이런 고백으로 반응했다. 즉 그리스도께서 바울 자신의 몸에 낫지 않는 "가시"(고통과 장애)를 품고 살게 하시면서 "내 은혜가 네게 족하도다 이는 내 능력이 약한 데서 온전하여짐이라"라고 말씀하셨다는 것이다(고후 12:7-9). 자신의 삶에 그런 문제가 있는데도 바울은 다음과 같은 승리의 결론을 내렸다. 지금 우리가 가슴 깊이 새겨야 할 말씀이다.

> 그러므로 도리어 크게 기뻐함으로 나의 여러 약한 것들에 대하여 자랑하리니 이는 그리스도의 능력이 내게 머물게 하려 함이라 그러므로 내가 그리스도를 위하여 약한 것들과 능욕과 궁핍과 박해와 곤고를 기뻐하노니 이는 내가 약한 그때에 강함이라.
>
> _ 고후 9-10

바울처럼 그리스도를 의지하라. 그러면 연약함에 대처할 능력이 생긴다. 연약함은 엄연한 현실로 지속되지만, 당신을 사랑하는 그분이 그 속에서 위로와 기쁨으로 당신을 굳게 세워주신다.

바울은 자신의 연약함을 선천적으로 또는 어린 시절의 양육을 통해 깨달은 것이 아니었던 것 같다. 그가 자신의 연약함을 인식한 것은 다메섹 도상에서 자신을 그리스도께 드린 후였고, 그리스도의 명령에 따라 사도의 여정을 시작한 후였다. 때가 되자 그분은 바울에게 장애에 준하는 심한 고통을 품고 살게 하셨고, 바울도 그것을 죽는 날까지 지속될 연약함으로 분명하게 받아들였다. 여기서 우리가 알아야 할 것이 있다. 이 고통은 바울의 사역을 풍성하게 하기 위해서라기보다 그를 더욱 성화시키기 위한 것이었다. 그렇게 볼 만한 단서들이 많이 있다. 예컨대 바울은 특권적 계시를 받았다면 더욱 겸손할 것(고후 12:7), 사탄이 방해하고 낙심하게 할 그리스도를 더욱 의지할 것(고후 12:7-9), 장차 어떤 종류의 고난이 닥쳐와도 결연한 각오로 받아들일 것(고후 12:10) 등을 말했다. 그는 늘 인식하며 살았듯, 자아의 연약함을 느끼는 일은 그리스도인의 삶에 당연한 것이며, 따라서 마땅히 자족하고 자랑해야 할 제목이다(고후 12:6, 9-10 참고. 여기서 "자랑하리니"라는 말씀은 자기중심적으로 과시하거나 뽐낸다는 뜻이 아니라, 하나님이 허락하신 삶의 중요한 일면으로 때에 맞게 강조한다는 뜻이다).

이런 점에서 바울은 제자도와 영적 성숙의 본이 된다. 모든 신자가 은혜 안에서 힘써 자라가도록 부름받았다. 세상은 우리 바울처럼 그리스도를 의지하라. 그러면 연약함에 대처할 능력이 생긴다. 연약함은 엄연한 현실로 지속되지만, 당신을 사랑하는 그분이 그 속에서 위로와 기쁨으로 당신을 굳게 세워주신다.

에게 누구나 쉽고 편하며 비교적 고통 없는 삶을 살아갈 권리가 있다고 말한다. 자기 내면에 모든 힘이 잠재되어 있으므로 그것을 발견하고 동원하며 발휘해야 한다고 말한다. 세상은 이처럼 진리를 왜곡하고 변질시킨다. 하지만 예수님의 삶과 소명은 그렇지 않았다. 바울의 소명도 그렇지 않았고, 현대사회를 사는 우리도 그렇게 부름받지 않았다. 오히려 모든 그리스도인은 다음과 같은 삶을 살게 된다. 하나님은 제자의 삶이 지속될수록 점점 더 우리의 연약함을 깨닫고 고통을 인식하게 하신다. 그래서 우리도 바울처럼 터득하게 된다. 스스로의 연약함을 깨달을 때, 그제야 비로소 우리가 주 안에서 참으로 강해질 수 있음을 말이다. 우리가 이 길 외에 다른 어떤 길을 원하겠는가? 당신은 어떻게 생각하는가?

세상은 우리에게 누구나 쉽고 편하며
비교적 고통 없는 삶을 살아갈 권리가 있다고
말한다. 자기 내면에 모든 힘이 잠재되어
있으므로 그것을 발견하고 동원하며
발휘해야 한다고 말한다.
하지만 하나님은 제자의 삶이 지속될수록 점점 더
우리의 연약함을 깨닫고 고통을 인식하게 하신다.
그래서 우리도 바울처럼 터득하게
된다. 스스로의 연약함을 깨달을 때, 그제야
비로소 우리가 주 안에서 참으로
강해질 수 있음을 말이다.

돈은 범사에 이용되느니라.

전도
서 10:19

3.
그리스도와
그리스도인의
재정적 헌신

하나님께 드리는 삶의
의미는 무엇인가?

돈의 함정

고전 범죄 영화 〈말타의 매〉(*The Maltese Falcon*)의 끝 부분에 경찰관이 작은 조각상 하나를 유심히 들여다보는 장면이 나온다. 그것은 납으로 만든 모조품으로, 진품은 온통 보석으로 장식되어 값이 어마어마하게 나간다. 극중의 살인과 상해 행위는 모두 그 조각상을 손에 넣기 위함이었다. 경찰관이 "이게 뭐요?"라고 묻자 반영웅적 주인공이자 탐정 샘 스페이드(Sam Spade) 역을 맡은 험프리 보가트(Humphrey Bogart)는 "꿈의 재료라오"라고 되받는다. 타락한 인간의 마음을 기만하는 온갖 부의 유혹을 아주 정확하게 표현한 말이다. 그래서 이번 장은 인간의 마음에서부터 시작해야 한다.

돈이란 무엇인가? 돈은 교환 매체다. 원하는 물건을 획득하고 때로 원치 않는 물건을 처분하는 자원이다. 각자 인맥의 반경 내에서 권력과 영향력을 얻는 수단이다. 돈에 어떠한 마력이 있다고 생각하는 사람들이 많다. 그래서 그들은 돈이 많을수록 더 욕심을 내고, 돈 때문에 더 많은 문이 열리기를 기대한다. 그럴수록 돈을 한 푼이라도 잃지 않으려 하는 것은 어쩌면 당연한 일이다. 날로 더 부자가 되고 싶은 백일몽이 그들의 마음을 족쇄처럼 얽어맨다. 그 이유는 무엇인가? 빈곤과 제한된 자원을 부족함과 연약함의 징표로 생각하는 반면, 부를 안정과 힘의 원천으로 보기 때문이다.

우리 마음은 교만하여 연약함이라면 무조건 꺼리고 본다. 반대로 강해 보이는 것은 무엇이든 대환영이다. 부자가 되겠다는 목표와 이미 거머쥔 재물도 그중 하나다. 그 결과는 무엇인가? 우상 숭배다. 결국 우리는 투자금과 소유물, 은행 잔고를 숭배하게 된다. 반면, 하나님은 우리의 충성과 사랑에서 초라한 2인자의 자리로 밀려난다. 초월적인 주님이신 그분이 성부, 성자, 성령의 삼위일체로 우리의 구원을 위해 팀으로 역사하시는 데도 말이다.

예수님은 우리에게 "너희가 하나님과 재물을 겸하여 섬기지 못하느니라"(마 6:24)라고 경고하셨다. 여기 "재물"은 원어로 맘몬(mamōna)이다. 셈족어에서 이 단어는 돈 자체가 아니라 물건, 재산, 소득, 성공 등 돈으로 얻을 수 있는 모든 것을 의미한다. 또한 예수님은 "여러 해 쓸 물건을 많이 쌓아 두었으니 평안히 쉬고 먹고 마시고 즐거워하자"라고 혼잣말하는 부자에 대해 "하나님은 이르시되 어리석은 자여 오늘 밤에 네 영혼을 도로 찾으리니 그러면 네 준비한 것이 누구의 것이 되겠느냐 하셨으니"(눅 12:19-20)라고 말씀하셨다. 그뿐 아니라 그분은 어떻게 하여야 영생을 얻겠느냐고 묻는 부자 관원에게 이렇게 대답하셨다.

> 네게 아직도 한 가지 부족한 것이 있으니 네게 있는 것을 다 팔아 가난한 자들에게 나눠주라 그리하면 하늘에서 네게 보화가 있으리라 그리고 와서 나를 따르라. _ 눅 18:22

이 말씀은 구체적으로 이런 의미다. "너도 나와 내 제자들과 함께 팔레스타인 전역을 힘들게 돌아다니자. 사람들이 베푸는 대접이 곧 우리의 생계다. 우리는 무일푼이다." 불행하게도 부자 관원은 그런 삶을 받아들일 수 없었다. 부가 그의 마음을 움켜쥐고 있었기 때문이다. 바울도 돈의 함정에 대해 이와 비슷한 경고를 했다.

> 부하려 하는 자들은 시험과 올무와 여러 가지 어리석고 해로운 욕심에 떨어지나니 곧 사람으로 파멸과 멸망에 빠지게 하는 것이라 돈을 사랑함이 일만 악의 뿌리가 되나니. _ 딤전 6:9-10

그렇다면 기본적인 필요를 채우고도 주머니에 돈이 있을 때는 어떻게 해야 하는가? 우리는 저마다의 직업을 통해 생계를 해결한다. 어쩌면 그 직업 자체로 사람들과 하나님을 섬긴다는 생각도 할 것이다. 하지만 생계를 해결하고도 돈이 남을 때는 어찌할 것인가? 운영하는 사업에 수익이 많아 계속 돈이 쌓일 때는 어찌할 것인가? 예수께서 주신 답을 바울도 똑같이 내놓는다. "너 자신을 위해 그 돈을 쓰지 말고 하나님과 하나님의 사람들을 위해 쓰라. 하나님 나라를 확장하는 데 쓰라. 어려운 사람들을 돕는 데 쓰라. 스스로를 하나님의 기금을 맡은 관리자이자 청지기, 수탁자로 보라." 이것은 영광스러운 직분인 동시에, 맡겨주신 하나님 앞에서 전적인 책임을 져야 한다는 의미다.

바울은 디모데에게 이렇게 권면했다.

> 네가 이 세대에서 부한 자들을 명하여 마음을 높이지 말고 정함이 없는 재물에 소망을 두지 말고 오직 우리에게 모든 것을 후히 주사 누리게 하시는 하나님께 두며 선을 행하고 선한 사업을 많이 하고 나누어주기를 좋아하며 너그러운 자가 되게 하라 이것이 장래에 자기를 위하여 좋은 터를 쌓아 참된 생명을 취하는 것이니라. _ 딤전 6:17-19

예수님은 우리에게도 단호하게 권고하신다. 그분은 부정직하지만 지혜로웠던 청지기의 비유를 들려주시며 그 비유의 교훈을 이렇게 적용하신다.

> 불의의 재물로 친구를 사귀라("불의"라 하심은 비유 속의 청지기가 재정을 속였기 때문이다.) 그리하면 그 재물이 없어질 때에(무용지물이 될 때, 즉 너희가 죽을 때) 그들이 너희를 영주할 처소로 영접하리라. _ 눅 16:9

루터가 했다고 전해지는 말이 있다. 모든 사람에게는 세 가지 회심이 필요하다는 것이다. 즉 생각이 회심하여 복음의 진리를 믿어야 하고, 마음이 회심하여 예수를 구주와 주님으로 영접해야 하며, 지갑 또는 장부가 회심하여 돈을 그리스도의 발아래 내려놓아야 한다. 실제로 루터가 직접 한 말이 아닐 수도 있겠지만, 내용 면에서는 이 말에 그의 가치관이 충분히 녹아들어 있다. 그는 거의 모든 사안의 핵심을 꿰뚫어보았다. 그가 분명히 알았듯이 돈과 관련된 죄를 권좌에서 몰아내는 일이야말로 죄인의 회개에서 가장 힘든 부분에 속한다. 요즘도 목회자들이 자주 하는 말이 있다. 사람들이 그리스도인이 되고도 마지막까지 하나님의 은혜로 변화되기를 꺼리는 부분은 대부분 지갑이라는 것이다. 시간과 재능, 돈을 주님께 바치라고 가르치면 돈의 통제권을 주님께 맡기는 일이 시간과 재능의 습성을 고치는 일보다 시작도 늦고 진행도 더디다. 한 마디로 다른 사안보다 성화되는 데 더 많은 시간이 필요하다. 그만큼 내면의 저항이 강하기 때문일 것이다.

내가 좋아하는 만화에 어떤 엄마가 칭얼대는 아기를 안고 길가에서 친구와 대화하는 장면이 나온다. "아기가 왜 그렇게 보채지?" "응, 치아가 나는 중이거든." "그런데 네 남편은 왜 저래?"(뒤쪽 벤치에 앉아 있는 남편도 입을 벌리고 괴로워하는 게 아기와

> 모든 사람에게는 세 가지 회심이
> 필요하다. 즉 생각이 회심하여
> 복음의 진리를 믿어야 하고, 마음이 회심하여
> 예수를 구주와 주님으로 영접해야 하며,
> 지갑 또는 장부가 회심하여 돈을 그리스도의 발아래
> 내려놓아야 한다.

비슷하다.) "아, 요즘 십일조를 내고 있거든." 십일조는 그리스도인이 소득의 10퍼센트를 헌금으로 드린다는 다짐이다. 언제나 십일조에서부터 시작하면 좋다. 그러나 강단에서 십일조를 아무리 권해도 회중은 언제나 외면한다. 후한 헌금과 인간의 타락한 마음은 서로 상극이다. 그래서 헌금의 동기를 유발하기란 늘 힘든 일이다.

바울도 자신의 계획이 과감한 시도임을 처음부터 분명히 알았을 것이다. 그의 계획은 자기가 개척한 이방인 교회들에서 대대적인 헌금을 거두어 예루살렘의 빈곤에 처한 유대인 그리스도인들을 구제하는 것이었다. 이방인들이 그리스도 안에서 먼저 된 지체들에게 진정한 사랑을 보이려면 상당한 액수가 모여야 했다. 바울은 이 일에 확실한 성공이 보장될 수 없음을 알았다. 이 사업은 다분히 믿음의 모험이었다.

헌금에 관하여

그리스도인의 삶이 본질상 연약함의 길이라는 의미가 여기서 분명해진다. 하나님은 우리를 연약함의 길로 인도하시며 계속 섬길 힘을 주시고 붙들어주신다. 우리는 일이나 관계 면에서 어쩔 수 없는 처지에 부딪칠 때가 많다. 하나님의 도움이 없이는 도저히 성공할 가망이 없다. 그런데 종종 그 처지를 그대로 받아들이는 것이 옳은 길이자, 우리의 소명의 일부다. 환경면에서도 하나님의 주권적 섭리 가운데 예기치 못한 역경이 닥쳐올 때가 많다. 그때마다 우리는 다시금 주의 도우심에 의지하게 되고, 우리의 믿음과 성실성은 매우 혹독한 시험을 맞닥뜨린다. 어느 경우든 하나님은 우리의 삶 전반에서 세례와 같은 방식으로 역사하신다. 즉 죽음을 통해 그리스도와 함께 새로운 삶에 들어가게 하신다. 물속에 들어갔다 다시 나오는 세례 의식 자체가 그러한 삶의 모형이다. 그런 면에서 윌리엄 로(William Law)는 지극히 옳은 말로 정곡을 찔렀다.

> 안팎의 모든 문제와 모든 실망과…어둠과…광야를 당신의 두 손으로 받으라. 그것은 자아에 대하여 죽을 수 있는 참된 기회이며, 자아를 부인하고 고난당하는 구주와 더 풍성한 교제를 나누는 복된 계기다….
> 안팎의 어떤 문제도 그 밖의 다른 눈으로 보지 말라. 문제에 대한 다른 모든 생각을 물리치라. 그러면 모든 시련과 고통이 당신에게 복이 되는 형통의 날로 변할 것이다.●

● William Law, *An Humble, Earnest, and Affectionate Address to the Clergy* (New-Bedford: Lindsey, 1818), p. 136-137.

상황이 당신을 약하게 하고 방치하는 방향으로 몰리는 것 같을 때가 있다. 그럴 때에는 로의 말처럼, 그리스도를 의지하여 새로운 힘을 얻는 것이 언제나 그분의 뜻이다. 앞에서 바울도 고린도 교인들에게 자기 육체의 가시에 대해 동일한 고백을 했다. 모든 그리스도인의 삶과 사역에서 연약함이 곧 길이다.

그렇다면 바울이 고린도후서를 쓸 때의 정황을 파악하는 한 가지 방법, 어쩌면 가장 깊은 방법은 다음과 같다. 바울의 가장 중요한 목표는 자기가 고린도에 도착할 때쯤 예루살렘에 가져갈 헌금이 마련되어 있게 하는 것이었다. 그래서 그것을 촉구한 8-9장이 이 서신의 목적이자 핵심이다. 하지만 바울은 헌금을 준비해두라는 자신의 촉구가 진지하게 받아들여지지 않을까 봐 걱정했다. 이것은 고린도에서 그의 사도적 목양 전체가 비판받고 있기 때문이기도 했고, 자신이 고린도 교인들과 소원해졌을지도 모른다는 그의 우려 때문이기도 했다. 이 우려의 근거는 두 가지였다. 우선 그는 악을 저지른 한 교인을 엄하게 대했다. 직접 고린도에 가서 진상을 조사했고, 그 뒤에 엄한 편지를 보냈다. 또한 그는 고린도에 다시 방문하는 시점을 예정보다 늦추었다.

바울의 우려대로 고린도 교인들은 그를 경박하고 변덕스러우며 이기적인 사람이라고 단정할 수도 있었다. 당시에 그런 순회 교사들이 매우 많았다. 그리스의 험악한 항구 도시에 살던 이 이방인들에게 바울은 그다지 중요한 인물로 여겨지지 않을 수도 있었다. 자기 동족인 유대인들을 위해 돈을 뜯어내는 대상처럼 여겨질 수도 있었다. 그렇게 되면 고린도 교인들이 바울을 교회의 설립자이자 목사로 제대로 존중하기란 불가능했다. 그러니 바울의 염려가 충분히 이해가 된다. 그래서 그는 어떻게 했는가?

우선 그는 자신에 대한 고린도 교인들의 신뢰를 회복하려 했다. 결과적으로 그것이 편지의 절반 이상을 차지하게 된다. 헌금을 언급하기 전에 그는 할 수만 있다면 자신을 향한 교인들의 애정을 되살리고 싶었다. 마침내 본론에 이른 그는 두 장을 할애하여 고린도 교인들에게 후한 헌금을 독려하며 동기를 불어넣는다. 그다음에는 다시 급변하여 사도적 권위의 어조로 편지를 마무리한다. 즉 중간에 결정적인 간증을 들려주며, 자신이 다시 갈 때 불미스러운 일이 없도록 자신의 말을 진지하게 들을 것을 호소한다. 하지만 편지의 첫 문장부터 끝 문장까지 바울은 헌금에 대해 강조했다.

바울에게 헌금이 그토록 중요했던 이유는 무엇인가? 10여 년 전에 예루살렘에서 야고보와 베드로와 요한이 뜻을 합하여 바나바와 바울을 이방인 세계의 전도자로 축복하여 보낼 때 "다만 우리에게(예루살렘의) 가난한 자들을 기억하도록 부탁"했기 때문이다. 바울은 이어 "이것은 나도 본래부터 힘써 행하여 왔노라"(갈 2:10)라고 말했다. 그 약속을 지키려고 바울은 몇 년에 걸쳐 자신이 세운 이방인 교회들을 통한 빈민 구제를 계획했다. 고린도전서 16장 1-4절에 그는 주일마다 그 목적으로 돈을 따로 떼는 훈련을 하라고 지시했다. 1년 후에 고린도후서 8장 10-11절에서는 이 일에 무성의하고 게을러진 교인들을 부드럽게 꾸짖으면서, 이미 시작한 일을 잘 끝내라고 독려한다. 8-9장에서 보듯이, 이방인 선교의 초창기에 맡겨졌던 일을 이방인 교회들이 잘 실행하는 것이 바울에게는 매우 중요했다.

고린도 교인들의 새로운 노력을 북돋우기 위해 바울은 헌금에 대해 어떻게 말했는가?

마게도냐 교회들(그리스 북부의 빌립보 교회와 데살로니가 교회)은 앞서 어려운 상황 속에서도 선한 일을 위해 풍성히 드리는 은혜로운 모습을 보였다. 바울은 다른 많은 면에서 뛰어난 고린도 교회도 그러하거나 그보다 더 낫기를 원했다(고후 8:1-7). 그래서 바울은 고린도 교인들을 약간 부끄럽게 하여 행동하도록 유도한다.

바울은 그들에게 명령하지 않고 기대감을 표현했다. 그는 이 헌금이 십자가를 통해 그들을 부요하게 하신 그리스도께 대한 감사의 표현이기를 바랐고, 그들이 마게도냐 교회들의 수준에 부응하여 이전의 약속을 지킬 뿐 아니라, 비교적 넉넉한 경제 수준에 합당하게 드리기를 바랐다(고후 8:8-15). 여기서는 바울이 고린도 교인들을 강하게 자극하여 행동으로 유도하고 있다.

디도를 비롯한 다른 두 지도자가 바울보다 먼저 고린도에 가서 헌금을 확실하게 준비시킬 것이다. 바울이 언제든지 와서 가져갈 수 있도록 말이다. 그러면 행여 마게도냐 교인들이 바울과 함께 오더라도 고린도 교인들이 준비되어 있지 않아 부끄러움을 당할 난감한 상황이 없어진다. 바울은 마게도냐 교인들에게 이미 고린도 교인들의 약속을 공표한 터였다. 분명히 바울은 이 헌금을 모아 예루살렘에 전달하는 과정 전체가 순조롭고 투명하며 정직하고 공정할 뿐 아니라 그러한 과정이 공개되기를 바랐다. 이것은 얼마든지 있을 법한 우려였다. 당시에는 순회 교사가 돈을 거두어서 어디론가 종적을 감추기가 어렵지 않았다. 바울은 그것을 알았고 고린도 교인들도 알았다. 그래서 바울은 결코 그런 일이 일어나지 않도록 단호하게 외적인 조치를 취한다(고후 8:16-9:5). 여기서 바울은 고린도 교인들의 후한 헌금과 정성 어린 행동을 가로막을 만한 모든 의혹을 불식시킨다.

하나님의 일을 위해 즐거이 후하게 드리는 사람들에게 그분은 섭리 가운데 복을 베푸신다(고후 9:6-11). 여기서 바울은 고린도 교인들에게 실제적 권면을 내놓는다. 하나님의 신실하심을 믿는 자들로서 그들은 믿음과 소망을 그에 걸맞은 행동으로 표출해야 했다.

예루살렘의 그리스도인들은 고린도 교인들의 후한 헌금을 몹시 고마워할 것이고, 그래서 그들을 인해 감사하고 그들을 위해 기도할 것이다. 또한 그들과 더 친밀하게 교제하기를 사모할 것이다. 그리하여 하나님이 영광을 받으실 것이다(고후 9:11-14). 여기서 바울은 고린도 교인들에게 영적 권면을 베푼다. 그리스도의 몸의 지체이자 하나님을 사랑하는 자들로서 그들은 마게도냐 교인들처럼 자신과 자신의 소유를 하나님께 드리고 또 바울에게 주어야 했다. 그리하여 거룩하게 구별된 행동을 취해야 했다.

바울의 호소는 성과를 낸 것으로 보인다. 성경에서 보듯이 그는 여덟 명의 팀(사도행전 20장 4절에 기록된 일곱 명과 화자인 누가를 포함한)과 함께 얼마 못 되어 예루살렘에 갔고, "형제들이 우리를 기꺼이 영접"했다(행 21:17). 틀림없이 그때 헌금 전액이 그곳의 지도자들에게 전달되었을 것이다.

헌금 입문

'입문'은 페인트칠에서부터 외국어 학습에 이르기까지 삶의 다양한 분야에 대한 초보적이고 기초적인 내용을 가리키는 단어다(나는 75년 전에 『개정판 라틴어 입문』으로 라틴어를 배웠다). 이제부터 나는 그리스도인의 헌금에 대한 입문을 제시하고자 한다. 원재료는 신약에서 이 주제를 다룬 주요 본문인 고린도후서 8-9장이다.

우선 모든 핵심 원리가 직접적으로 진술되어 있는 고린도후서 9장의 본문은 다음과 같다.

> 성도를 섬기는 일에 대하여는 내가 너희에게 쓸 필요가 없나니 이는 내가 너희의 원함을 앎이라 내가 너희를 위하여 마게도냐인들에게 아가야(고린도가 위치한 그리스의 한 지방)에서는 일 년 전부터 준비하였다는 것을 자랑하였는데 과연 너희의 열심이 퍽 많은 사람들을 분발하게 하였느니라 그런데 이 형제들을 보낸 것은 이 일에 너희를 위한 우리의 자랑이 헛되지 않고 내가 말한 것 같이 준비하게 하려 함이라 혹 마게도냐인들이 나와 함께 가서 너희가 준비하지 아니한 것을 보면 너희는 고사하고 우리가 이 믿던 것에 부끄러움을 당할까 두려워하노라 그러므로 내가 이 형제들로 먼저 너희에게 가서 너희

가 전에 약속한 연보를 미리 준비하게 하도록 권면하는 것이 필요한 줄 생각하였노니 이렇게 준비하여야 참 연보답고 억지가 아니니라

이것이 곧 적게 심는 자는 적게 거두고 많이 심는 자는 많이 거둔다 하는 말이로다 각각 그 마음에 정한 대로 할 것이요 인색함으로나 억지로 하지 말지니 하나님은 즐겨 내는 자를 사랑하시느니라 하나님이 능히 모든 은혜를 너희에게 넘치게 하시나니 이는 너희로 모든 일에 항상 모든 것이 넉넉하여 모든 착한 일을 넘치게 하게 하려 하심이라 기록된 바

"그가 흩어 가난한 자들에게 주었으니

그의 의가 영원토록 있느니라" 함과 같으니라

심는 자에게 씨와 먹을 양식을 주시는 이가 너희 심을 것을 주사 풍성하게 하시고 너희 의의 열매를 더하게 하시리니 너희가 모든 일에 넉넉하여 너그럽게 연보를 함은 그들이 우리로 말미암아 하나님께 감사하게 하는 것이라 이 봉사의 직무가 성도들의 부족한 것을 보충할 뿐 아니라 사람들이 하나님께 드리는 많은 감사로 말미암아 넘쳤느니라 이 직무로 증거를 삼아 너희가 그리스도의 복음을 진실히 믿고 복종하는 것과 그들과 모든 사람을 섬기는 너희의 후한 연보로 말미암아 하나님께 영광을 돌리고 또 그들이 너희를 위하여 간구하며 하나님이 너희에게 주신 지극한 은혜로 말미암아 너희를 사모하느니라 말할 수 없는 그의 은사로 말미암아 하나님께 감사하노라.

9장에 담긴 가르침에 비추어 지금부터 다음의 네 가지 질문에 대해 살펴보자.

- 그리스도인의 헌금이란 무엇인가?
- 그리스도인은 왜 헌금해야 하는가?
- 그리스도인은 어떻게 헌금해야 하는가?
- 그리스도인의 헌금의 원리와 실제는 연약함과 어떤 관계가 있는가?

그리스도인의 헌금이란 무엇인가?

헌금의 정의를 묻는 이 질문에 나는 다음의 네 가지로 답하려고 한다.

그리스도인의 헌금은 영적 은사이자 또한 예수 그리스도를 따르는 제자도의 훈련이다

은사란 무엇인가? 바울은 모든 은사를 두 가지 헬라어 명사로 지칭한다. 우선 카리스마(*charisma*)는 소통과 구속(救贖)을 이루시는 하나님의 능동적인 사랑의 산물을 뜻한다. 그 사랑을 신약성경은 카리스(*charis*), 즉 '은혜'라 부른다. 또 다른 하나는 프뉴마티콘(*pneumatikon*)인데, 이것은 하나님의 한 위격이 지니신 생명과 능력의 표출을 뜻한다. 그 위격을 신약은 하기온 프뉴마(*hagion pneuma*), 즉 '성령'이라 부른다. 그러므로 은사를 은혜의 선물이라 표현해도 무방하다. 은사란 본질적으로 교회 내에서 이루어지는 섬김의 방식이다. 은사는 그리스도를 높이고 그분의 아버지이자 우리의 아버지이신 하나님을 영화롭게 하며, 주위의 신자들과 본인에게 덕을 끼치고 교회 전체에 힘과 성숙을 가져다준다. 은사 중에는 인간의 타고난 능력을 초월하는 자원도 있다. 그런 은사는 그리스도 안에서 그분을 통해 초자연적으로 주어진다. 그런가 하면 어떤 은사는 타고난 능력이 성화된 것이다. 내주하시는 성령이 은사를 활성화시키고 방향을 조정하신다. 바울의 경우, 간헐적으로 나타난 치유의 능력이 첫 번째 종류의 은사인 반면, 지칠 줄 모르고 복음의 진리를 가르치던 능력은 두 번째 종류의 은사였다. 헌금도 후자의 은사라고 할 수 있다.

로마서 12장 6절에 바울은 "우리에게 주신 은혜대로 받은 은사가 각각 다르니"라고 하며 몇 가지 은사의 예를 들었다. 바울은 어떤 은사든 최선의 방법을 사용해야 함을 강조했다. 그가 말한 은사는 예언(즉 하나님의 말씀을 전하는 일), 섬김, 가르침, 권면, 리더십 발휘 등이다. 그러다 8절에서는 "긍휼을 베푸는 자는 즐거움으로 할 것이니라"라는 대목이 나온다. "긍휼을 베푼다"라는 말은 헬라어 원어로 "나눈다"라는 뜻이다. 물론 여기서는 돈을 나누는 것을 가리킨다. 가진 자들이 가지지 못한 자들의 필요를 채워주는 일이다. "즐거움으로"라는 말에는 "진심으로"라는 뜻도 있다. 바울이 이 단어를 택한 것은 온정의 표시가 투명해야 한다는 뜻이 그 속에 늘 함축되어 있기 때문일 것이다.

이렇듯 돈을 드리거나 나누어 사용하여 빈곤을 구제하는 것은 은사다. 즐거이 베푸는 사람도 타인의 치유를 위해 기도하거나 방언을 하는 사람 못지 않게 참된 은사를 지닌 것이다. 하지만 헌금은 예수 그리스도를 따르는 제자도의 한 훈련이기도 하다. 훈련에는 노력이 필수다. 훈련이 사고나 행동의 습성을 획득하고 유지하는 일이기 때문이다. 훈련이 조금이나마 완성에 가까워지려면 꾸준한 연습이 필요하며, 별도의 구체적 기술이 수반될 때도 많다.

그리스도인의 여러 덕목은 그리스도께서 권하고 명하며 모범을 보이신 훈련들이자, 그분의 모든 제자들에게 필요한 삶의 자질들이다. 후히 드리는 삶도 그중 하나다. 예수님의 제자란 예수님의 생활 방식을 배우기로 헌신한 모든 사람들이다(헬라어로 제자는 '배우는 사람'이라는 뜻이다). 모든 은사는 어떤 면에서 제자도의 훈련이다. 후히 드리는 삶에 힘쓰지 않는다면 우리는 주 예수 그리스도를 따르는 제자도 면에서나 그분께 의존하는 부분에서나 너무 나약하고 부족해질 것이다. 만일 그렇다면 우리에게 시급한 변화가 필요하다.

그리스도인의 헌금은 하나님의 돈을 관리하는 일이다

그리스도인의 재정 관리를 생각할 때 가장 먼저 분명히 해야 할 것이 있다. 바로 우리가 관리하는 돈이 우리의 것이 아닌 하나님의 것이라는 사실이다. 음식을 사거나 선교사를 후원하거나 기업체에 투자하거나 휴가비를 모으거나 그 어떤 상황에서도 마찬가지다. 물론 받아서 쓰는 사람은 우리이지만 그래도 그것은 여전히 그분의 돈이다. 우리는 빌려 쓰고 있을 뿐이다. 때가 되면 그 돈을 어떻게 썼는지 하나님께 보고해야 한다.

그것이 청지기 직분이라는 단어의 핵심 의미다. 요즘은 이 말이 교회에서 헌금 훈련을 지칭하는 말로 쓰이고 있지만, 청지기란 주인에게 자산의 관리를 위임받은 사람이다. 예컨대 투자 매니저는 청지기다. 그는 어떤 의미에서 고객의 자산에 대한 권한을 가진다. 그의 본분은 자산을 운용하되 고객의 희망사항과 우선순위를 이해하고 실행하는 데 있다. 마찬가지로 수탁자도 청지기다. 그의 본분은 수탁된 돈을 투자하고 보호하며 지출하되 위탁자의 일정한 목적에 따라서 하는 것이다.

사회, 즉 성경이 말하는 '세상'은 사람의 돈을 각자의 소유물로 본다. 누구든지 자기 마음대로 쓰면 된다. 하지만 성경은 우리의 돈을 하나님이 맡기신 것으로 본다. 그래서 그분의 영광을 위해 써야 한다. 성공회에서는 헌금을 하나님께 바칠 때『공동기도서』의 성찬식 전례에 따라 이렇게 기도한다. "천지 만물이 다 주의 것이옵니다. 모든 것이 주께로부터 났으니 주의 것을 돌려드리나이다"(대상 29:11, 14 참고). 이것이 성경의 일관된 시각이다. 흔히 돈을 우리 것으로 생각하지만, 언제나 하나님의 것이다. 우리는 그분의 청지기와 수탁자로서 그분의 손에서 돈을 받는다. 따라서 그분께 영광이 되도록 돈을 관리하는 법을 배워야 한다.

그리스도인의 헌금은 하나님의 돈으로 하는 사역이다

사역은 섬김을 뜻하고 섬김은 빈곤의 구제를 뜻한다. 빈곤이란 꼭 있어야 할 것이 없는 것을 뜻한다. 바울은 예루살렘의 가난한 이들을 재정적으로 도우려는 자신의 계획을 "성도를 섬기는 일"(고후 9:1)이라 표현했다. 빈곤 때문에 그들에게는 생필품이 없었기 때문이다. 마게도냐 교인들이 이 구제 사역을 흔쾌히 받아들였으므로 바울은 그들을 칭찬하며 모본으로 제시한다. 그러면서 그들의 행동을 하나님의 은혜에 대한 직접적 결과로 보았다.

> 환난의 많은 시련 가운데서 그들의 넘치는 기쁨과 극심한 가난이(이 얼마나 오묘한 조합인가!) 그들의 풍성한 연보를 넘치도록 하게 하였느니라…힘에 지나도록 자원하여…성도 섬기는 일에 참여함에 대하여 우리에게 간절히 구하니…그들이 먼저 자신을 주께 드리고 또 하나님의 뜻을 따라 우리에게 주었도다.
>
> _ 고후 8:1-5

헌금 사역에는 많은 목표가 있다. 예컨대 복음을 전파하고,

교회를 유지하며, 곤경에 처한 개인을 돌보고(예수님의 비유에 나오는 사마리아인은 거의 죽도록 두들겨 맞은 유대인을 그렇게 돌보았다), 예루살렘의 그리스도인들처럼 곤경에 처한 단체를 지원하는 일 등이다. 모든 헌금 사역은 결국 하나님 나라를 확장하기 위한 것이다. 하나님 나라는 우리가 그리스도의 가르침에 담겨 있는 가치관과 우선순위를 실천할 때마다 삶에서 실현된다. 이 사역에 하나님의 사람들이 모두 동참해야 함은 말할 것도 없다.

그리스도인의 헌금은 하나님의 돈에 대한 사고방식이다

관리와 사역을 잘하려면 올바른 동기가 있어야 한다. 사고방식이란 특정한 태도, 습관적 성향, 끈질긴 갈망이다. 의식구조라고도 할 수 있다. 이것은 동기와 목적의 문제다. 그리스도인이 드리는 헌금의 목표는 긍정적으로는 하나님을 기쁘시게 하고 영화롭게 하는 것이며, 부정적으로는 명백한 차선(次善)에 안주하지 않는 것이다. 하나님께 맡은 돈을 그렇게 쓰는 것이 우리를 향한 그분의 뜻이다.

예수님의 비유에 등장하는 한 종은 달란트를 받았으나 사용하지 않고 땅에 묻어 두었다가 주인에게 그대로 돌려주었다. 주

하나님 나라는 우리가 그리스도의 가르침에
담겨 있는 가치관과 우선순위를 실천할
때마다 삶에서 실현된다.

인은 이 종을 "악하고 게으른 종", "무익한 종"이라 불렀다(마 25:14-30). 우리는 꽤 양호한 정도, 무난한 정도, 나쁘지 않은 정도에 안주해서는 안 된다. 그러려면 진취적 사고와 상상력이 필요한데, 성경은 이를 가리켜 지혜라 부른다. 지혜 없이 닥치는 대로 하는 헌금은 그리스도인답지 못하다. 헌금을 아예 하지 않거나 능력에 훨씬 못 미치게 하는 것만큼이나 그렇다.

여기서 의문이 생긴다. 그렇다면 헌금을 얼마나 해야 하는가? 반드시 십일조를 드려야 하는가? 어떤 사람들은 십일조를 하나님께 내는 세금처럼 생각한다. 소득의 10퍼센트를 그분께 드렸으니 나머지는 내 것이라는 식이다. 하지만 그렇지 않다. 전부가 하나님의 것이다. 그리스도인이 십일조를 해야 한다는 말은 신약 어디에도 없다. 바울도 고린도 교인들에게 십일조를 내서 구제 헌금을 모으라고 말한 게 아니라, 그들이 하나님께 후히 드리면 그분도 그들에게 후히 주실 거라고 말했을 뿐이다.

> 이것이 곧 적게 심는 자는 적게 거두고 많이 심는 자는 많이 거둔다 하는 말이로다…하나님이 능히 모든 은혜를 너희에게 넘치게 하시나니 이는 너희로 모든 일에 항상 모든 것이 넉넉하여 모든 착한 일을 넘치게 하게 하려 하심이라…너희가 모든 일에 넉넉하여 너그럽게 연보를 함은 그들이 우리로 말미암아 (우리가 너희의 헌금을 전달할 것이므로) 하나님께 감사하게 하는 것이라…그들과 모든 사람을 섬기는 너희의 후한 연보로 말미암아 하나님께 영광을 돌리고. _고후 9:6, 8, 11, 13

바울은 마게도냐 교회들이 "힘대로 할 뿐 아니라 힘에 지나도록 자원"(고후 8:3)했다고 칭찬했는데, 그 속에 '헌금을 얼마나 해야 하는가?'라는 물음에 대한 답이 암시되어 있다. 일단 부담 없이 선뜻 드릴 수 있는 만큼 드리라는 것이고, 그 이상으로 더 드려 하나님을 향한 우리의 열정과 전심을 입증하라는 것이다.

예수님이 성전 헌금함에 생활비 전부를 넣은 가난한 과부를 칭찬하신 것으로 보아 그분도 우리의 이 물음에 분명 비슷한 도전으로 답하실 것 같다. 존 웨슬리와 C.S. 루이스도 분명히 그렇게 생각했다. 웨슬리는 "드릴 수 있는 만큼 다 드리라"라고 평신도 설교자들에게 말했고, 루이스도 동일한 질문을 편지로 보내온 사람에게 "아플 때까지 드리라"라고 조언했다. 웨슬리는 끊임없이 드린 결과, 죽을 때 거의 무일푼이었고 루이스도 남몰래 자선 사업을 많이 했다고 한다.

과거보다 많은 금액을 드리는 데 익숙해질 때까지는 십일조를 목발처럼 활용하는 것도 괜찮다. 하지만 10퍼센트 이상 헌금하는 버릇을 들이면 그런 목발이 필요 없어진다. 우리 그리스도인들은 그렇게 드릴 수 있기를 사모해야 한다. 헌금의 액수에 관한 한 제한이 있어서는 안 된다. "얼마든지 도전해 보라." 이것이 지혜의 구호가 되어야 한다.

그리스도인은 왜 헌금해야 하는가?

헌금의 이유를 묻는 물음에도 사실상 이미 답이 나왔다. 하지만 성경 교사인 바울을 본받아 그 답을 간단히 종합하여 정리하면 도움이 될 것이다. 바울은 그리스도가 말씀하신 팔복을 우리의 바람직한 태도로 고쳐 썼다. 전자가 그리스도인의 생활을 직설법으로 서술한 것이라면, 후자는 그것을 명령법으로 표현했다. 이 물음에 대해 나는 다음 네 가지 태도로 답하고 싶다.

은혜로우신 하나님께 감사하는 태도를 품으라

신약의 교리는 '은혜'이고 신약의 윤리(행동 규범)는 '감사'라고 한다. 과연 옳은 말이다. 감사하는 태도는 다음 두 가지에서 비롯된다. 하나는 그리스도의 은혜를 머리로 아는 것이고, 또 하나는 그 은혜의 능력을 가슴으로 경험하는 것이다. 지식이나 경험의 구심점은 모두 그리스도께 있다. "우리 주 예수 그리스도의 은혜를 너희가 알거니와 부요하신 이로서 너희를 위하여 가난하게 되심은 그의 가난함으로 말미암아 너희를 부요하게 하려 하심이라"(고후 8:9). 하나님께 드리는 헌금은 이루 말할 수 없는 은혜에 대한 끝없는 감사의 표현이어야 한다.

가난한 이웃에게 너그러운 태도를 품으라

곤경에 처한 사람에게 베푸는 너그러운 호의를 우리는 예수님의 비유를 따라 '사마리아인의 정신'이라 칭해도 좋다. 하지만 그 비유가 "내 이웃이 누구니이까"라는 물음에 대한 답으로 나온 것임을 잊어서는 안 된다. 그분의 답은 단순하다. 당신이 만나거나 부딪치는 사람이라면 누구나 다 당신의 이웃이다. 그 사람에게 빈곤한 부분이 보이거든 당신은 최선을 다해 구제해야 한다. 결국 그리스도인의 실존은 본질적으로 명칭이 아닌 사랑이며, 사랑은 말의 문제가 아닌 행동의 문제다.

그리스도의 제자로서 구주를 본받으려는 태도를 품으라

주님의 생활방식을 본받으라. 한때 예수님을 표현할 때 '남을 위한 사람'이라는 말이 유행한 적이 있다. 물론 그 말만으로는 부족하지만 결코 그 말을 빼놓아서도 안 된다. 그분은 자신의 모든 능력과 자원을 바쳐 다른 사람들을 섬기셨다. 이런 이

타적인 삶이야말로 그분의 특징이었으며, 우리도 그렇게 되어야 한다. 우리는 그리스도의 제자라는 이름에 걸맞게 살아야 하며, 아나니아와 삽비라 같은 위선을 경계해야 한다. 또한 자신에게 있는 모든 종류의 부를 그분을 위하여 드리고 온전히 나누어야 한다.

하나님을 영화롭게 하려는 태도를 품으라

당신에게 주신 모든 것을 인하여 하나님께 찬양과 영광과 감사를 드리라. 또한 행동과 헌금을 계획하되 바울처럼 다른 사람들에게서도 하나님을 향한 찬양과 감사를 이끌어내는 방식으로 하라. 요컨대 당신 자신도 하나님께 감사와 경배를 드리고, 다른 사람들도 그분을 향한 감사와 경배를 힘써 드리고 지속하게 하는 것이다. 대개 후한 헌금은 그런 결과를 낳는다. 사람들이 우리에게서 하나님을 향한 온갖 종류의 성실한 순종과 섬김을 볼 때와 마찬가지다.

바울은 열심히 이 헌금을 기획하고 추진했으며, 전달까지 했지만 사사로운 자기 이익을 바라지 않았다. 그가 보고 싶었던 것은 하나님을 영화롭게 하는 감사였다. 이 일에 관련된 모든 사람

결국 그리스도인의 실존은 본질적으로
명칭이 아닌 사랑이며,
사랑은 말의 문제가 아닌 행동의 문제다.

의 감사였다. 바울은 사람들에게 동기를 심어주어야 하는 지극히 민감한 일에 당면해 있었던 만큼, 그 부담감을 약간 과장된 문체로 표현했다. 그의 말대로 고린도 교인들의 헌금은 감사를 낳을 것이다.

> 그들이(헌금을 제안하고 전달하는) 우리로 말미암아 하나님께 감사하게 하는 것이라 이 봉사의 직무가 성도들의 부족한 것을 보충할 뿐 아니라 사람들이 하나님께 드리는 많은 감사로 말미암아 넘쳤느니라 이 직무로 증거를 삼아 너희가 그리스도의

복음을 진실히 믿고(그들에게 도움이 필요하다는 바울의 말에) 복종하는 것과 그들과 모든 사람을 섬기는 너희의 후한 연보로 말미암아(예루살렘의 신자들이) 하나님께 영광을 돌리고.

_ 고후 9:11-13

이 네 가지 태도를 마음에 새기면 우리 중 가장 인색한 사람들조차도 헌금을 하지 않을 수 없을 것이다.

"말할 수 없는 그의 은사(선물)로 말미암아 하나님께 감사하노라"(고후 9:15)라는 바울의 마지막 말은 그리스도 예수라는 선물을 포괄적으로 지칭하는 것으로 보인다. 그분은 우리의 구주가 되셨을 뿐 아니라 우리를 고린도 교인들과 함께 이 연쇄 반응의 과정에 동참하게 하신다. 헌금이 감사를 낳고 감사가 교제를 낳는 이 과정은 하나님을 영화롭게 하며, 거기에 동참하는 것 자체가 풍성한 특권이 되게 한다.

그리스도인은 어떻게 헌금해야 하는가?

그리스도인은 어떤 방식과 자세로 헌금해야 하는가? 바울이 말한 다섯 가지 요점을 본받아야 한다.

헌금은 자발적이어야 한다

사람들에게 부담을 주고 억지로 밀어붙여 허둥지둥하며 마지못해 헌금하게 해서는 안 된다. 헌금에 대해 생각할 여유를 주어야 한다. 그래야 그들의 행동이 사려 깊은 분별의 결과가 된다. "이것은 내가 꼭 해야 할 일이며, 하나님 나라의 확장을 위해 내 상황에서 최선을 다하는 것이다"라는 인식이 필요하다. 물론 처음부터 끝까지 각자의 자유의지에서 비롯한 행동이어야 한다.

바울은 세 명의 동료를 자신보다 먼저 고린도에 보내는 이유를 고린도후서 9장 3-5절에 이렇게 설명한다.

> 너희가 전에 약속한 연보를 미리 준비하게 하도록 권면하는 것이 필요한 줄 생각하였노니 이렇게 준비하여야 참 연보답고 억지가 아니니라.

여기에서 "억지"라고 번역한 헬라어 단어는 대부분 왕성한 탐욕을 뜻하는 말로, 내고 싶지도 않은 기부금을 강제로 뜯어낸다는 의미가 있다. 바울은 아무도 닦달에 못 이겨 마지못해 돈을 내놓기를 원하지 않았기 때문에 애써 그런 의혹을 강하게 부정했다.

> 각각 그 마음에 정한 대로 할 것이요 인색함으로나 억지로 하지 말지니 하나님은 즐겨 내는 자를 사랑하시느니라. _ 고후 9:7

이처럼 헌금할 마음조차 없는 사람이 즐겨 낼 수는 없다.

헌금은 즐겨 내야 한다

"하나님은 즐겨 내는 자를 사랑하시느니라"(고후 9:7). 어째서 즐겨 내야 하는가? 이어지는 8절에 답이 나온다. "하나님이 능히 모든 은혜를 너희에게 넘치게 하시나니 이는 너희로 모든 일에 항상 모든 것이 넉넉하여 모든 착한 일을 넘치게 하게 하려 하심이라." 이것이 하나님이 우리에게 주시려는 미래다. 이러한 확신을 마음에 품고 최대한 후하게 드리는 사람들은 신기하게도 즐겁고 가뿐한 심령을 소유하게 된다. 헌금할 때나 나중에 그 일을 돌아볼 때도 그렇다. 그들의 행동은 지금까지 베풀어주신 하나님의 은혜에 대한 감사의 표현이자, 앞으로도 계속될 그분의 신실하심에 대한 믿음의 표현이다. 그래서 하나님은 친히 그것을 인정하시고, 그들 안에 그분의 사랑을 느끼는 행복한 마음을 지속되게 하신다. 이것을 처음 실험하는 사람은 누구나 매우 확실한 기쁨에 깜짝 놀랄 것이다.

헌금은 신중하게 드려야 한다

헌금에는 계획과 심사숙고가 필요하다. 부담해야 할 의무가 있는 기존의 모든 재정적 지출도 감안해야 한다. 최대한 많이 드리려다가 현실을 외면하고 무책임해져서는 안 된다. 반대로 예수께서 마가복음 7장 9-13절에 질책하신 바리새인들처럼 "고르반"을 빙자하여 헌금을 회피해서도 안 된다. 바울은 "할 마음만 있으면 있는 대로 받으실 터이요 없는 것은 받지 아니하시리라"(고후 8:12)라고 썼다. 바울은 준비성과 현실성의 조화를 생각하라고 충고한다.

헌금은 지혜롭게 관리해야 한다

바울은 이번의 헌금과 관계된 모든 일이 공정하고 책임감 있을 뿐 아니라 관련된 모든 사람에게 투명하기를 바랐다. 그것은 분명히 신중하고 지혜로운 자세였다. 그는 또 자신이나 고린도 교회가 마게도냐 교회들에게 부끄러움을 당하지 않도록 확실히 조치를 취했는데, 이 또한 지혜로운 처사였다. 바울은 마게도냐 교인들에게 고린도 교인들이 헌금할 준비가 되었노라고 이미 자랑한 터였다. 그토록 아낌없이 드린 마게도냐 교회들에게 전혀 준비되지 않은 고린도 교회의 모습을 보일 수는 없었다(고후 9:2-5). 바울이 알다시피 그리스도인의 교제가 이루어지려면 바울 자신을 비롯한 모든 사람에게 세 가지 관계적 요건이 필요했다. 바로 신뢰하고 신뢰받으며, 신뢰성을 입증하는 일이었다. 이 모든 면에서 바울은 우리의 좋은 본이 된다.

헌금은 가능한 한 협력을 통해 이루어져야 한다

사람들은 종종 하나의 공통된 목적을 위해 단체로 돈을 모은다(예컨대 우리가 살펴보고 있는 바울의 헌금 요청, 지역교회의 예산 조달, 이웃돕기 사업 등). 그럴 때는 바울이 말한 '공정한 동참의 원리'에 따를 필요가 있다. 여기서 공정하다는 말은 모든 참여자가 동일한 액수를 부담한다는 뜻이 아니라 모두 똑같이 헌신하고 형편껏 최대한 드려서 목표 달성에 협력한다는 뜻이다(고후 8:10-15). 공정한 동참의 원리를 이해하고 시행할 때, 헌금을 통해 놀랍도록 깊은 교제가 일어난다.

여기서 하나 유의할 것이 있다. 바울은 공정한 동참의 원리를 최대한 신중하게 에둘러 표현했다. 틀림없이 이는 고린도 교인들이 1년 전에 약정한 헌금이 마게도냐 교회들이 힘써 모은 헌금보다 훨씬 많았기 때문이다. 고린도 교인들도 그것을 알고 있었고, 혹시 몰랐더라도 곧 알게 될 것이었다. 바울은 후히 드린 마게도냐 교회들을 칭찬했다. 동시에 고린도 교인들의 마음속에 자칫 경쟁심이나 우월감이 일어나지 않을지 심히 우려했다. 그렇게 되면 그들이 설령 헌금에 열심을 내더라도 그리스도인의 연합과 교제를 추구하는 중심을 놓칠 수도 있었기 때문이다.

그리스도인의 헌금의 원리와 실제는 연약함과 어떤 관계가 있는가?

끝으로 이 모든 것이 연약함의 길을 걷는 삶과 어떤 관계가 있는가? 앞에서 분명하게 밝혔듯이 연약함의 길이 궁극적인 그리스도인의 길이다.

이번 장 앞부분에서 보았듯이 사람의 타락한 본성은 돈에 아주 부당하고 과장된 가치를 부여한다. 그래서 투자금과 은행 잔고를 사회에서 안전, 지위, 비중, 존경, 영향력을 얻는 최고의 원천으로 여긴다. 세상적 관점에서 이 세상은 부유한 사람을 중요시하고, 가난한 사람을 가치 없게 여긴다. 그리스도인 중에도 이 관점을 받아들인 사람이 많다. 그래서 그들은 나이를 먹고 삶이 더 형통할수록 점점 더 후하게 드리는 모험을 하기 어려워진다. 하나님의 사업을 위해 해마다 후하게 드리는 일은 인간적으로 보면 분명 모험이다. 인정하기 부끄럽지만 그리스도인들은 부유해질수록 오히려 헌금을 적게 낸다. 많은 경우, 이것은 현실이다.

하지만 이 세상에 사는 한 연약함은 우리를 떠나지 않는다. 우리는 연약한 존재인지라 관계, 환경, 재정, 건강 등 삶의 형편을 최종적으로 제어할 능력이 없다. 오늘날의 치유 문화가 우리에게 많은 것을 해줄 수 있다 해도 마찬가지다. 우리 주 예수 그리스도도 사역하는 동안 가난하게 사셨고, 이사야의 표현대로 멸시받고 버림받아 결국 "약하심으로 십자가에 못 박히셨"다(고후 13:4). 그렇다면 우리도 그분의 제자로서 어떤 삶의 길을 각오해야 하는지 알 수 있다.

바울은 부활하신 그리스도를 의지하여 연약함을 품고 살아갈 힘을 얻었고, 우리에게도 그 방법을 공유했다. 그의 연약함처럼 우리의 연약함도 결코 없어지지 않는다. 돈이 연약함을 없애줄 거라고 생각한다면, 우리는 그러한 자기기만 때문에 오히려 더 연약해질 뿐이다. 여기서 우리가 직시해야 할 진리는 이것이다. 모든 그리스도인은 예수님과 바울의 가르침을 따라 경건한 재정 관리와 현명한 헌금의 태도를 배우도록 부름받았다. 그래서 우리는 좋은 출발점을 제시하는 고린도후서 8-9장에 감사해야 한다.

이 세상에 사는 한 연약함은 우리를 떠나지
않는다. 우리는 연약한 존재인지라
관계, 환경, 재정, 건강 등 삶의 형편을
최종적으로 제어할 능력이 없다.
오늘날의 치유 문화가 우리에게 많은 것을
해줄 수 있다 해도 마찬가지다. 우리 주 예수
그리스도도 사역하는 동안 가난하게 사셨고,
이사야의 표현대로 멸시받고 버림받아 결국
"약하심으로 십자가에 못 박히셨"다(고후 13:4).
그렇다면 우리도 그분의 제자로서 어떤
삶의 길을 각오해야 하는지 알 수 있다.

우리 주 예수 그리스도의
아버지 하나님을
찬송하리로다!
그의 많으신 긍휼대로
예수 그리스도를 죽은 자
가운데서 부활하게
하심으로 말미암아
우리를 거듭나게 하사
산 소망이 있게 하시며
썩지 않고 더럽지 않고
쇠하지 아니하는 유업을
잇게 하시나니
곧 너희를 위하여 하늘에
간직하신 것이라.

베드로전서 1:3-4

4.

그리스도와
그리스도인의
소망

그리스도인인 우리는
무엇을 바라보아야 하는가?

소망을 추구하는 사람

"삶이 있는 곳에 희망이 있다"라는 말은 깊은 진리다. 그러나 이 말의 어순을 바꾼 "희망이 있는 곳에 삶이 있다"라는 말은 더 깊은 진리다. 인간은 소망하는 존재다. 우리는 다분히 기대감을 먹고산다. 우리는 앞으로 있을 일을 고대하며 살아간다. 소망의 불씨가 꺼지면 삶은 한낱 생존으로 축소되어 본연의 모습에서 멀어진다. 우리는 이 사실을 직시해야 한다.

나는 영국의 정예 교육기관인 한 사립 중등학교에 다녔다. 이 남학교에는 박식한 교사들이 많았는데, 그중에서도 가장 출중한 학자는 우리가 "빌"(물론 그가 없을 때만 그렇게 불렀다)이라고

"삶이 있는 곳에 희망이 있다"라는 말은 깊은 진리다. 그러나 이 말의 어순을 바꾼 "희망이 있는 곳에 삶이 있다"라는 말은 더 깊은 진리다.

부르던 교장 선생님이었다. 나중에 옥스퍼드에서 헬라어와 라틴어로 고전을 공부할 때도 나는 빌에게 필적할 만한 지도교수나 이미 빌에게서 배운 내용의 절반이라도 내게 가르칠 수 있는 지도교수를 만나지 못했다. 그러나 그는 성직자의 아들이었는데, 기독교 신앙을 버리고 불교 계파의 신도가 되었다.

수십 년 후 나는 한 은사와 대화하던 중에 빌의 안부를 물었다. 빌은 이미 은퇴한 후였고 나이가 90대 초반이었다. 은사는 최근에 빌을 만났다며 이렇게 대답했다(단어 하나하나까지 그대로 기억나는 것 같다). "아주 침울하더군. 요즘 뭐하며 지내냐고 물었

더니 '죽을 날만 기다리고 있지'라는 말뿐이었네." 나는 한창때의 빌, 즉 예리하고 활기차며 시퍼런 지성의 소유자를 기억하고 있던 터라 그 이야기를 듣고 몹시 애석했다. 잘 알다시피 불교는 소망을 낳지 못한다. 젊어서는 찬란했던 그가 장수하여 노년에 이르자, 피어나지 못하고 시들어가고 있었다. 이것이 사람이 품을 수 있는 최선의 소망인가?

알렉산더 포프(Alexander Pope)는 특유의 당당한 태도로 "희망은 인간의 가슴에서 영구히 샘솟는다"라고 외쳤지만 그것은 현실의 일부일 뿐이다. 인생의 전반기에는 희망이 절로 솟아 우리를 앞으로 떠민다. 어린이는 나중에 크면 이것저것 하겠다는 희망을 품는다. 청소년은 돈이 생기면 여기저기에 가보고 많은 일을 하겠다는 희망을 품는다. 신혼부부는 두둑한 수입과 좋은 집, 착한 자녀를 희망한다. 안정된 부부는 자녀를 다 키워서 내보내고 자유롭게 세계 여행을 다닐 날을 희망한다. 하지만 그다음은 무엇인가? 때가 되면 노인들이 깨닫는 사실이 있다. 자신이 하고 싶었던 일을 최대한 많이 했어도 나머지는 영영 물 건너갔다는 사실이다. 그래서 "인생이 너무 짧다"라고 말하며 쓴웃음을 짓는다.

그래도 삶은 계속된다. 지금은 사람의 수명이 과거보다 길어졌다. 하지만 극도로 연장된 수명이 오히려 쓸쓸한 권태만 가져다준다는 것이 사람들의 공통된 경험이다. 행복한 삶의 정의가 하루 세 끼를 먹고 텔레비전을 보다가 자리에 눕는 것으로 축소되었다는 것이다. 기력이 쇠하고 사고력과 기억력도 점점 약해진다. 세상의 사회 이론은 노년기를 더 알차고 풍요롭게 살아가는 일이 과연 가능한가에 대한 문제에 마땅한 답을 내놓지 못했다.

하지만 성경에는 답이 있다.

> 의인의 길은 돋는 햇살 같아서
> 크게 빛나 한낮의 광명에 이르거니와. _ 잠 4:18

> 하나님이여 내가 늙어 백발이 될 때에도 나를 버리지 마시며 내가 주의 힘을 후대에⋯전하기까지 나를 버리지 마소서.
> _ 시 71:18

모세의 사역은 80세에 시작되었다. 이런 차이는 어디에서 오는가? 성경에만 있고 세상의 이론은 따라올 수 없는 그것은 무엇인가? 한마디로 소망이다. 여기서 말하는 소망이란 요행을 바라는 나약한 낙관론이 아니라 반드시 이루어질 일에 대한 견고한 확신이다. 그것이 반드시 이루어지는 이유는 하나님이 친히 약속하셨기 때문이다. 종교와 철학은 전부 희망을 말한다.

> 성경에만 있고 세상의 이론은 따라올 수 없는
> 그것은 무엇인가? 한마디로 소망이다.
> 여기서 말하는 소망이란 요행을 바라는
> 나약한 낙관론이 아니라 반드시 이루어질
> 일에 대한 견고한 확신이다.
> 그것이 반드시 이루어지는 이유는
> 하나님이 친히 약속하셨기 때문이다.

4. 그리스도와 그리스도인의 소망
그리스도인인 우리는 무엇을 바라보아야 하는가?

철학자 칸트는 "내가 희망할 수 있는 것은 무엇인가?"라는 질문이야말로 사람이 던질 수 있는 가장 중요한 질문이라고 말했다. 하지만 자신이 그 답을 안다고는 주장하지 못했다.

그러나 성경에는 그 답이 명확하게 나온다. 성경은 그리스도의 사람들에게 하나의 운명을 제시하는데, 그 운명은 현세를 뛰어넘어 다차원의 경이와 풍요, 기쁨으로 이어진다. 성경은 그것을 '영광'이라고 말한다. 아이들은 뭔가 크고 신나는 일(장기간의 가족 휴가와 같은)을 앞두고 있으면 미리부터 들떠 한동안 기대감에 부푼다. 마찬가지로 바울도 그리스도의 충성된 제자들을 위해 예비된 크고 신나는 미래를 고대했고, 그로 인해 온갖 역경 속에서도 사도로서 계속 전력 질주할 수 있었다. 그가 겪은 역경들은 고린도후서에 자세히 기록되어 있다.

그렇다면 주님처럼 신약의 저자들도 이 약속된 운명이 모든 그리스도인의 마음속에 감격과 외경, 경이와 기쁨을 가져다주기를 바랄까? 두말할 것도 없이 그렇다! 바로 이것이 우리의 소망이니, 이 소망의 원천은 그분의 약속이다. 지금부터 그 내용을 살펴보려고 한다.

이제 주의를 집중하여 고린도후서 4장 5절에서부터 5장 8절을 읽어보자.

우리는 우리를 전파하는 것이 아니라 오직 그리스도 예수의 주 되신 것과 또 예수를 위하여 우리가 너희의 종 된 것을 전파함이라 어두운 데에 빛이 비치라 말씀하셨던 그 하나님께서 예수 그리스도의 얼굴에 있는 하나님의 영광을 아는 빛을 우리 마음에 비추셨느니라

우리가 이 보배를 질그릇에 가졌으니 이는 심히 큰 능력은 하나님께 있고 우리에게 있지 아니함을 알게 하려 함이라 우리가 사방으로 우겨 쌈을 당하여도 싸이지 아니하며 답답한 일을 당하여도 낙심하지 아니하며 박해를 받아도 버린 바 되지 아니하며 거꾸러뜨림을 당하여도 망하지 아니하고 우리가 항상 예수의 죽음을 몸에 짊어짐은 예수의 생명이 또한 우리 몸에 나타나게 하려 함이라 우리 살아 있는 자가 항상 예수를 위하여 죽음에 넘겨짐은 예수의 생명이 또한 우리 죽을 육체에 나타나게 하려 함이라 그런즉 사망은 우리 안에서 역사하고 생명은 너희 안에서 역사하느니라

기록된 바 내가 믿었으므로 말하였다 한 것 같이 우리가 같은 믿음의 마음을 가졌으니 우리도 믿었으므로 또한 말하노라 주 예수를 다시 살리신 이가 예수와 함께 우리도 다시 살리사 너희와 함께 그 앞에 서게 하실 줄을 아노라 이는 모든 것이 너희를 위함이니 많은 사람의 감사로 말미암아 은혜가 더하여 넘쳐서 하나님께 영광을 돌리게 하려 함이라

그러므로 우리가 낙심하지 아니하노니 우리의 겉사람은 낡아지나 우리의 속사람은 날로 새로워지도다 우리가 잠시 받는 환난의 경한 것이 지극히 크고 영원한 영광의 중한 것을 우리에게 이루게 함

이니 우리가 주목하는 것은 보이는 것이 아니요 보이지 않는 것이니 보이는 것은 잠깐이요 보이지 않는 것은 영원함이라

만일 땅에 있는 우리의 장막 집이 무너지면 하나님께서 지으신 집 곧 손으로 지은 것이 아니요 하늘에 있는 영원한 집이 우리에게 있는 줄 아느니라 참으로 우리가 여기 있어 탄식하며 하늘로부터 오는 우리 처소로 덧입기를 간절히 사모하노라 이렇게 입음은 우리가 벗은 자들로 발견되지 않으려 함이라 참으로 이 장막에 있는 우리가 짐 진 것 같이 탄식하는 것은 벗고자 함이 아니요 오히려 덧입고자 함이니 죽을 것이 생명에 삼킨 바 되게 하려 함이라 곧 이것을 우리에게 이루게 하시고 보증으로 성령을 우리에게 주신 이는 하나님이시니라

그러므로 우리가 항상 담대하여 몸으로 있을 때에는 주와 따로 있는 줄을 아노니 이는 우리가 믿음으로 행하고 보는 것으로 행하지 아니함이로라 우리가 담대하여 원하는 바는 차라리 몸을 떠나 주와 함께 있는 그것이라.

연약함 속에서 활기찬 모습

이 본문에서 제일 먼저 눈여겨보아야 할 것은 한없이 활기찬 어조다. 사실은 이 서신 전체가 그렇다. 앞서 살펴본 것처럼 고

린도후서는 우리에게 가장 연약한 상황의 바울을 보여준다. 그는 목회자로서 시름에 젖어 있었고, 압력과 가차 없는 비판, 노골적인 반대에 부딪혔으며, 일부의 사람들에게는 아예 거부당했다. 문제투성이의 고린도 교회가 그에 대해 내뱉는 말 때문에 그의 삶은 괴로웠다. 그중에는 실제로 그에게 들려오는 말도 있었고 그가 능히 미루어 짐작할 수 있는 말도 있었다. 그러니 우리 생각 같아서는 바울이 고린도 교인들과의 관계에서 무력감을 느끼며 심기가 뒤틀리고, 그들에게 말할 때 거리를 두며 방어적 자세를 취했을 법도 하다. 하지만 그런 일은 없었다. 바울은 비판에 무너지지도 않았고 그들에 대한 목회적 애정이 식지도 않았다. 오히려 그의 모든 말에서 미래에 대한 소망이 뿜어져 나온다. 현세와 내세 모두에 대한 소망이다. 서신 전체가 불멸의 사랑과 불굴의 소망을 장엄하게 보여준다. 그중에서 특히 지금의 우리와 관계된 것은 바울의 소망이다.

최근에 학자들이 강조하듯이 성경의 저자들은 이른바 쌍괄식 구성을 즐겨 썼다. 이는 특정한 주제에 대해 저자가 말하려는 바를 중간에 두고, 서언과 결언으로 글을 여닫는 방식이다. 서언은 도입부가 되고 결언은 종결부가 되며, 그 둘이 한목소리로 말하는 내용이 중간의 몸체에 자세히 설명되어 있다(문단이나 장의 구분이 없던 시대에는 이것이 사고의 단위를 나누어 정리하기에 편한 방법이었다. 이것은 사람들이 언어로 소통할 때 실제적으로 사용하는 방식이다. 복잡하고 중요한 말을 할 때면 우리는 우선 전체 주제를 예고한 뒤에 본론을 풀어낸다. 그러고 나서 예고와 비슷한 요약으로 결론을 맺는다. 여러 갈래로 나누어 풀어낸 내용을 다시 묶어 종합하는 것이다. 책을 대충 훑어만 보고 주제를 파악할 수 있는 것도 그래서다. 각 문단의 첫 문장과 끝 문장만 보고 넘어가면 된다).

지금부터 살펴볼 고린도후서의 핵심 메시지도 샌드위치처럼 서언과 결언 사이에 끼여 있다(미리 짚어둘 것이 있다. 12장 11절부터 13장 14절까지는 바울의 임박한 방문에 대한 개인적 후기로, 편지를 쓰기 전에 미리 계획했던 본론과는 구별된다. 그런 점에서 이 부분은 로마서 15장 14절부터 16절 27절까지와 비슷하다. 로마서의 그 부분도 역시 결언 뒤에 나온다).

우선 고린도후서 1장 3-4절의 서언을 보자.

> 찬송하리로다 그는 우리 주 예수 그리스도의 하나님이시요 자비의 아버지시요 모든 위로의 하나님이시며 우리의 모든 환난 중에서 우리를 위로하사 우리로 하여금 하나님께 받는 위로로써 모든 환난 중에 있는 자들을 능히 위로하게 하시는 이시로다.

이것은 훨씬 더 강력한 말이다. 우리가 지금 쓰는 "위로"나 "위로하다"라는 말이 본래의 의미를 다분히 상실했기 때문이다. 이 단어는 16세기에 이 구절들을 번역하기 위해 선택되었고, 그때만 해도 헬라어 동사의 의미가 그대로 살아 있었다. 즉 격려를 통해 새 힘을 준다는 뜻이었다. 그러나 요즘의 "위로"는 약간 달래주고, 편하게 해주고, 고통을 덜어준다는 뜻에 지나지 않는다. 그래서 이러한 맥락에서는 바울의 진정한 취지를 놓치기 쉽다. 지금 바울은 무한한 능력을 공급하시는 하나님을 찬양한다. 그 힘으로 우리는 삶을 지속하고 모든 상황을 견뎌낼 수 있다. 바울은 고린도 교인들이 보기에는 연약했을지 모르지만 아직 쓰러지지 않았다. 그는 그 점을 그들에게 분명히 했다.

이번에는 12장 9-10절의 결언으로 넘어간다.

> (그리스도께서)나에게 이르시기를 내 은혜가 네게 족하도다 이는 내 능력이 약한 데서 온전하여짐이라 하신지라 그러므로 도리어 크게 기뻐함으로 나의 여러 약한 것들에 대하여 자랑하리니 이는 그리스도의 능력이 내게 머물게 하려 함이라 그러므로 내가 그리스도를 위하여 약한 것들과 능욕과 궁핍과 박해와 곤고를 기뻐하노니 이는 내가 약한 그때에 강함이라.

말씀에 활기가 넘치지 않는가? 신기하고 놀라울 정도다. 바울이 서언과 결언 사이에 쓴 본론 전체도 마찬가지다. 각각의 주제마다 어조와 성격에 동일한 활기가 넘친다. 바울은 지금 연약한 상황에서 글을 쓰고 있으며, 자신의 연약함을 이토록 사무치게 절감하는 그의 모습은 다른 어느 서신에서도 볼 수 없다. 그런데도 그는 자기 연민에 빠지거나 비관하지 않고, 오히려 모든 장애물을 그리스도 안에서 지속적으로 이기고 있다고 고백한다. 자신이 이 세상의 경주를 마치는 날 영광을 누리게 될 것이라는 확고한 소망도 선포한다. 현재의 모든 고난에 대한 그의 태도는 자신의 미래에 대한 이 소망에서 비롯된 것이다. 존 번연(John Bunyan)의 『천로역정』에 나오는 '미스터 불굴'처럼 그 소망이 마음속에서 숯불처럼 이글거렸다. 지금부터 그 내용을 살펴보고자 한다.

초자연적인 삶

다시 고린도후서 4장 7절로 돌아가 바울의 사고의 흐름을 따라가 보자. 3장 첫머리에서부터 그는 동역자들을 대표하여 말하는데, 여기서는 하나님의 종들에게 있는 "보배"와 그 보배를 담은 "질그릇"을 대비한다. 보배는 예수 그리스도의 얼굴에 있는 하나님의 영광을 아는 지식이다. 예수님은 이제 보좌에 오르신 세상의 주이시다. 질그릇은 연약하여 깨지기 쉬운 그들의 몸이다. 그들의 몸은 모든 연약함과 고통과 쇠퇴와 고난에 노출되어 있다. 이어 4장 8-10절에 바울은 자신과 그들의 사역에 실제로 뒤따른 환난을 열거한다. 그는 이런 환난의 목록을 고린도후서에 세 번 제시했는데 이번이 그중 첫 번째다(두 번째는 6장의 또 다른 "우리" 본문에 나오고, 마지막은 바울이 일인칭 단수로 말하는 11장에 나온다).

그가 7절에 말했듯이 하나님이 그들을 이런 상태에 두신 목적은 "심히 큰 능력", 즉 그들의 사역에 풍성한 열매를 맺으시는 능력이 하나님께 있고 그들에게 있지 않음을 나타내기 위해서다. 10-11절에 그는 이 능력의 본질을 밝히는데, 그것은 바로 그리스도의 부활 생명이다. 복음의 일꾼들은 예수께서 십자가에서 겪으신 "죽어가는 과정"(그것이 약간 특이한 헬라어 단어의 의미다)을 자신들의 몸에 지고 다닌다.

이 죽어가는 과정이 무엇인가? 극도에 달하는 고통과 탈진, 조롱과 멸시다. 어찌나 괴로운지, 웬만한 사람은 차라리 죽음을 사모할 정도다. 모든 게 다 끝나기만을 간절히 바랄 뿐인 상태인 것이다. 하지만 바울의 말처럼 그리스도의 사람들은 이러한 외적인 연약한 요인들이 있지만, 날마다 내면이 새로워지는 과정을 통해 힘과 에너지를 얻어 쓰러지지 않는다. 그래서 "사망은 우리 안에서 역사하고 생명은 너희 안에서 역사"한다(고후 4:12). 그러나 결국 "주 예수를 다시 살리신 이가 예수와 함께 우리도 다시 살리사 너희와 함께 그 앞에 서게 하실" 것이니 "이는 모든 것이 너희를 위함"이다. 즉 이미 많은 사람이 은혜에 감사하여 "하나님께 영광을 돌리"고 있듯이, 그들도 날로 넘치는 감사의 합창에 동참하게 된다(고후 4:14-15). 은혜에 감사하는 것 자체도 은혜로만 가능한 일이다.

그동안 사역하는 그들 자신은 상황이 아무리 힘들어도 "낙심하지 아니"하며(고후 4:1, 16) "항상 담대"했다(고후 5:6, 8). 사람들 앞에 드러나는 우리의 외적 자아(세상이 알거나, 안다고 생각하는 '누군가'로 불리는)는 낡아지지만 내적 자아(본인이 알고 하나님이 아시는)는 "날로 새로워"지며, 또 "우리가 잠시 받는 환난의 경한 것이 지극히 크고 영원한 영광의 중한 것을 우리에게 이루게" 한다(고후 4:16-17). 우리는 집으로 가는 중이며 그 집은 영광스러운 곳이다. 희미하게나마 그 영광을 생각하면 우리의 생각과 마음이 힘을 얻어 어떠한 연약한 요인도 견뎌낼 수 있다. 고통과 적대, 낙심과 고립, 멸시와 오해 등 온갖 고난이 닥쳐오면 누구라도 냉담하고 절망적인 상태에 빠지는 게 당연하지만, 우리는 그것을 이겨낼 수 있다.

그리스도의 일꾼들은 어떠한 상황 속에서도 계속 전진한다. 세상은 그들이 어디서 힘을 얻어 전진하는지 몰라 이상히 여기겠지만, 그들은 남들의 의구심 따위에 관심이 없다. 그들의 의욕과 추진력은 다음의 소망에서 온다.

> 우리가 주목하는 것은 보이는 것이 아니요 보이지 않는 것이니 보이는 것은 잠깐이요 보이지 않는 것은 영원함이라. _ 고후 4:18

은혜의 하나님이 이렇게 은혜로 우리 몸의 죽을 생명, 즉 자연적 삶을 초자연적 삶으로 바꾸어주신다. 믿음으로 그리스도 안에 있고 성령으로 그분과 연합된 모든 사람에게 하나님은 끝없는 능력과 기쁨을 베풀어주신다. 우리에게 소망을 가르치신 하나님이 그 소망으로 우리를 강건하게 하신다. 우리는 인간적으로 약한 그때에 곧 주 안에서 강하다. 2천 년 전 사도들과 그 동역자들이 그랬듯, 오늘 우리도 그럴 수 있고 또 그래야 한다.

은혜에 감사하는 것 자체도
은혜로만 가능한 일이다.

영광

바울의 말대로 초자연적인 삶의 특징은 그 안에 영광이 나타난다는 사실이다. 어쩌면 영광들이라는 복수로 표현해야 할지도 모른다. 성경의 다른 곳들과 마찬가지로 서신의 이 대목에서도 "영광"이라는 단어가 서로 구분되면서도 맞물려 있는 세 가지 의미로 쓰였기 때문이다. 본래 영광의 히브리어 어원의 의미는 묵직하거나 중요하다는 개념, 나아가 그 결과로 웅대하다는 개념이다. 이 단어의 세 가지 용법에 모두 그 개념이 함축되어 있다.

첫째로 "영광"은 하나님이 보여주시는 것과 하나님을 우리에게 보여주는 것을 가리킨다. 즉 우리의 눈이나 귀에 또는 둘 다에 자신을 나타내 보이시는 그분의 적극적 임재를 뜻한다. 성경에 나타난 것처럼, 구약에는 영광의 시각적 측면이 주로 두 가지 상징으로 제시된다. 하나는 대낮의 햇빛처럼 눈부신 빛이다. 하나님과 함께 있다가 돌아온 모세의 얼굴이 이처럼 빛났다(고후 3:13). 또 하나는 그분이 앉아 계신 큰 보좌다. 이사야와 에스겔이 그것을 보았다(사 6장, 겔 1장 참고). 반면에 신약에서는 경외심을 자아내는 그 영광이 성육신하신 하나님 주 예수 그리스도의 얼굴 또는 인격(헬라어 단어에 두 가지 의미가 다 있다) 속에 있다(고후 4:6, 참고 요 1:14, 17:5, 24).

둘째로 "영광"은 경건한 사람들이 하나님께 드리는 것을 가리킨다. 즉 그분이 찬양받기 합당한 모습을 친히 보이셨기 때문에 이에 대한 반응으로 드리는 찬양을 뜻한다. 이 단어는 고린도후서 4장 15절에서 이 의미로 쓰였다. 지금까지 말한 영광의 두 가지 의미는 성공회의 전통적 성찬식에서 하나로 만난다. 『공동기도서』를 따라 우리는 이렇게 기도한다. "지존하신 주여, 하늘과 땅이 주의 영광으로 충만하오니 주께 영광을 돌리나이다." 찬송과 경배를 받기 합당하신 분을 찬송하고 경배하는 것이 마음과 뜻과 목숨과 힘을 다하여 하나님을 사랑하는 것의 기본이다. 예수께서 그것을 가장 큰 율법으로 지목하셨다.

셋째 "영광"은 첫 번째 의미의 연장으로 하나님이 계속해서 우리 안에서 우리를 변화시키시는 작업을 가리킨다. 그 결과로 "우리가 다…주의 영광을 보매 그와 같은 형상으로 변화하여 영광에서 영광에 이르"게 된다(고후 3:18). 이것은 하나님이 언약의 자녀에게 주시는 영광이다. 그들은 살아 있는 믿음으로 그리스도를 믿어 그분과 연합한 자들이며, 이제 성령이 그들 안에 계신다. 성령은 우리의 성품과 습성을 빚으시는 대가이시다. 이 변화는 참으로 초자연적이지만 이 땅에서 몸의 변화가 일어나는 것은 아니다. 오히려 그것은 "성령의 열매" 즉 "사랑과 희락과 화평과 오래 참음과 자비와 양선과 충성과 온유와 절제"로 이루어진다(갈 5:22-23). 성령이 목적을 두고 우리 마음속에 예수의 성품을 본받고 싶은 갈망과 습성을 심어주신다. 가장 깊은 의미에서 그리스도를 닮아가게 하신다.

사실 이 과정은 우리가 그리스도와 함께 영화롭게 되어가는 과정의 첫 단계다. 이미 영화롭게 되신 그분이 믿는 우리도 결국 영화롭게 되도록 하나님이 정하셨다(롬 8:17, 30 참고). 하나님이 우리 안에 계속해서 그리스도의 성품의 면면을 빚으시는 작업은 초자연적이다. 우리가 이런 세계를 조금이나마 알게 되는

우리는 집으로 가는 중이며 그 집은
영광스러운 곳이다. 희미하게나마
그 영광을 생각하면 우리의 생각과 마음이
힘을 얻어 어떠한 연약한 요인도 견뎌낼 수
있다. 고통과 적대, 낙심과 고립,
멸시와 오해 등 온갖 고난이 닥쳐오면
누구라도 냉담하고 절망적인 상태에
빠지는 게 당연하지만,
우리는 그것을 이겨낼 수 있다.

인식의 과정도 마찬가지다. 하나님이 앞으로 우리 삶 속에 행하실 더 깊은 차원의 작업도 우리는 초자연적으로 알게 된다. 하나님의 말씀을 통해 성령이 그 일을 이루신다. 이 과정에서 배

4. 그리스도와 그리스도인의 소망
그리스도인인 우리는 무엇을 바라보아야 하는가?

우듯, 우리는 모두 '현재 작업 중'인 상태다. 그래서 "우리가 잠시 받는 환난의 경한 것이 지극히 크고 영원한 영광의 중한 것을 우리에게 이루게" 한다(고후 4:17). 그 밖에도 배우는 것이 또 있다. 우리를 다시 빚으시는 이 은혜의 작업이 진척되려면 "우리가 주목하는(이 헬라어 동사는 '고정된 강렬한 응시'를 뜻한다) 것은 보이는 것이 아니요 보이지 않는 것"이어야 한다. "보이는 것은 잠깐이요 보이지 않는 것은 영원"하기 때문이다(고후 4:18). 이런 응시를 통해 우리는 가장 삶다운 삶을 살아가게 된다.

현재로는 볼 수 없는 것에 힘써 주목해야 한다는 바울의 말은 역설처럼 들린다. 하지만 그가 이런 식으로 말하는 데는 분명한 목적이 있다. 정신적이고 영적인 훈련을 통해 늘 영광이라는 목표를 의식하며 살라는 당부를 새기게 하기 위해서다. 그리스도인들의 마음과 생각을 계속 바른 방향으로 향하게 하는 데 그것은 최선의 방법이다. 그렇게 할 때 소망이 우리의 지평을 가득 메울 수 있고, 우리는 그것을 힘의 원천으로 붙들어 연약함에 맞설 수 있다. 그리하여 종착점에 도달할 때까지 인생길을 희망 속에서 계속 전진할 수 있다. 종착점에 도달하는 일이야말로 로버트 루이스 스티븐슨(Robert Louis Stevenson, 『보물섬』과 『지킬박사와 하이드』 등을 쓴 영국의 소설가-역주)의 생각과는 반대로 가장 행복한 일이다.

이 소망은 반드시 이루어진다

그렇다면 우리가 고대해야 할 것은 무엇인가? 고린도후서 5장 1-8절은 우리가 고대하는 소망의 모습을 그림처럼 생생히 제시한다. 즉 이 소망은 "잠시 받는 환난의 경한 것"(건강 악화, 절름거리는 다리, 몸의 고통, 온통 내리막길로 치닫는 사고와 기억, 관계와 개인적 처지, 모욕, 잔인한 대우, 그 밖의 모든 것)을 전부 뒤집어 무효로 만들고 아득한 기억 속에 내던진다. 이 소망은 우리를 신기한 기쁨으로 충만하게 한다. 모든 것이 이처럼 좋을 수 있다니 신기할 수밖에 없다. 바울의 말대로 우리는 새로운 거처와 새로운 옷을 받아 주님과 함께 새로운 가정생활을 누린다. 듣기에도 놀라울 뿐 아니라 실제로도 놀라운 일이다. 지나치게 좋아서 꿈처럼 느껴지지만 꿈이 아니다. 이와 관련된 내용을 집중적으로 살펴보기로 하자.

우선 바울이 말하려는 내용의 확실성에 주목하라. 그는 "(우리가) 아느니라"(고후 5:1)고 말한다. 우리는 어떻게 아는가? 당연히 예수님의 말씀을 통해서 알고, 아울러 바울에게 직접 주어진 계시를 통해서 안다. 바울은 12장 7절에 "여러 계시를 받은 것이 지극히 크므로"라고 말했다. 증명할 수는 없지만 나는 바울이 5장 1-8절에 특별히 단언한 내용도 그 여러 계시에 포함된다고 생각한다. 이어지는 내 말에는 그 전제가 깔려 있다.

이번에는 바울이 말하는 확실한 내용에 주목하라.

장차 우리에게 새로운 거처가 주어진다

바울은 우선 몸에 대한 말로 그리스도인의 개인적 소망을 풀어낸다. 그의 말대로 장차 우리는 더 좋은 몸을 받는다. 알다시피 인간은 육체를 지닌 영혼이며, 자아라는 인격체로 존재한다. 우리는 몸 안에서 몸을 통해 살아간다. 우리의 몸에는 세 가지 목적이 있다. 첫째, 몸은 현실을 경험하기 위한 것이다. 우리는 현실을 보고, 듣고, 만지고, 맛보고, 냄새를 맡으며 다양한 감정으로 현실에 반응한다. 둘째, 몸은 자아를 표현하기 위한 것이다. 내면에 벌어지는 일을 우리는 얼굴 표정, 발화(發話)와 어조, 손놀림, 자세의 변화 등을 통해 겉으로 드러낸다. 셋째, 몸은 삶을 누리기 위한 것이다. 먹고 마시기, 온갖 달콤한 감각 등 삶의 모든 일차적 쾌락은 몸을 통해 우리의 것이 된다. 플라톤은 육체로부터 이탈하여 정신적 쾌락만 존재하는 삶을 꿈꾸었지만, 그것은 우리가 실제로 살고 있는 육신이 있는 삶보다 훨씬 더 빈곤하다.

반면 육신을 지니고 사는 삶에는 단점도 있다. 바울의 직업은 장막을 짓는 일이었다. 따라서 그가 우리 몸을 장막에 비유한 것은 어떤 면에서 놀랄 일이 아니다. 텐트는 일시적 거처다. 동시에 바울은 1세기의 문명인이었다. 여행하지 않을 때는 읍이나 시에 거주하며 교회를 개척하고 목회했다. 따라서 우리에게 예비된 더 좋은 몸을 그가 장막 대신 집에 비유한 것도 역시 놀랄 일이 아니다. 집은 질적으로 더 뛰어난 영구적 거주지다. 하나님은 장차 우리를 집으로 데려가기로 약속하셨다. 텐트는 아주 취약한 거처다. 비가 오면 물이 새고 흠뻑 젖는다. 추위와 더위도 다 막아주지 못한다. 주변의 흙이 질퍽해져서 어떨 때는 텐트 안까지 따라 들어온다. 야영을 하려면 흙먼지를 피할 수 없다.

텐트에서 야영해 보지 않은 사람이 있을까? 나도 경험해 보았는데 정말 힘들었다. 물론 내가 아는 사람들은 대부분 나와 달라서 야영을 조금씩 즐긴다. 하지만 텐트와 집 가운데 장기적인 거처를 택하라고 한다면 누구나 집을 택할 것이다. 바울도 당연히 그렇게 가정했다. 텐트 생활의 한계와 불편함이 집에는 해당되지 않는다.

바울은 우리가 지금 장막 같은 몸에 살며 탄식하고 있다고 (두 번이나!) 말한다(고후 5:2, 4). 그렇게 탄식할 만도 하다. 온갖 질환과 부자유와 제약이 우리 몸에 닥쳐오기 때문이다. 게다가 나이가 들면 점점 몸이 쇠하는 것이 피부로 느껴진다. 탄식은 한편으로는 집 같은 미래의 몸을 간절히 사모한다는 표현이고, 한편으로는 현재의 삶에 대한 깊은 좌절의 표현이다. 꿈의 실현을 저만큼 몰아내는 이런저런 신체적 제약 앞에서 우리는 "짐 진 것 같이" 마음이 짓눌린다. 물론 고린도후서 5장의 첫 단락은 바울이 4장 7-18절에 "예수의 죽음을 몸에 짊어"진다는 간증에 뒤따라 나온다. 그 간증을 하면서 틀림없이 바울은 미래의 천국 집에서 누릴 기쁨이 사무치게 그리웠을 것이다. 그것이 이번 본문의 생생한 감각에 반영된 것으로 보인다. 하지만 이 문단에 줄곧 "우리"라는 표현만 쓴 것으로 보아, 적어도 10절까지는 자신이 말하는 내용 전체에 모든 그리스도인을 포함했음을 알 수 있다.

장차 우리에게 새로운 옷이 주어진다

바울은 자신과 독자들을 기다리고 있는 미래에 대해 아주 인상적인 표현으로 말한다. 우선 그는 자신의 장막이 "무너"질 가능성을 언급한다(고후 5:1). 이는 다음과 같은 그의 인식에서 비롯된 것이다. 그의 삶은 여행길의 우여곡절, 사람들의 온갖 적대, 고질적인 육체의 가시 등으로 늘 위험에 처해 있었다. 언제든 갑작스럽게 죽음을 맞이할 수도 있었다. 알다시피, 갑작스러운 죽음은 모든 사람에게 닥칠 수 있는 일이다. 그래서 우리는 모두 늘 이 세상을 떠날 준비가 되어 있어야 한다. 그래야만 제대로 살아갈 수 있다.

이어 3-4절에 바울이 부정하듯이, 우리는 몸과 작별한다고 해서 영원히 상실된 상태로 영영 "벗은 자"가 되는 게 아니다. 그것은 우리가 바라는 바가 아니며 실제로 그렇게 되지도 않는다. 반대로 새로운 "집"이 우리를 기다리고 있다. 이는 "하나님께서 지으신 집 곧 손으로 지은 것이 아니요 하늘에 있는 영원한 집"이다(고후 5:1). 사람이 이미 입고 있는 옷 위에 다른 옷을 덧입거나 외출할 때 외투를 입듯이 우리도 그 집을 "덧입"을 것이다. 그리하여 우리는 "벗은 자"가 아니라 "덧입"은 자가 된다.

하나님이 우리에게 그렇게 해주신다. 그 결과 "죽을 것이 생명에 삼킨 바" 된다(고후 5:4).

은유들이 섞여 있고 약간 모호하지만 기본적 의미는 분명하다. 장차 하나님이 우리에게 부활의 몸을 입혀주실 터인데, 그 일이 어떻게 이루어질지 현재 우리는 가히 상상할 수 없다. 하지만 그것이 우리에게 가져다줄 결과는 빈곤과 좌절이 아닌 풍요와 만족이다. 게다가 그것은 이미 이루어지고 있는 중이다. "곧 이것을 우리에게 이루게 하시고 보증으로 성령을 우리에게 주신 이는 하나님이시니라"(고후 5:5). 우리 마음과 삶 속에 임재하시며 우리를 변화시키시는 성령(고후 3:18 참고)은 보증, 즉 보증금과 같다. 하나님이 우리에게 새로운 몸(한 주석가의 표현처럼 '외투')을 입혀주실 일이 그만큼 확실하다는 뜻이다.

앞서 말했듯이 여기서 바울은 목회자로서 자신의 개인적 변호에 힘쓰고 있다. 지금 그는 교리를 가르치려는 게 아니다. 우리는 그가 개괄하는 운명에 대해 전말을 다 알고 싶지만 그는 그것을 상세하게 설명하지 않는다. 특히 그는 다음 질문에 답하지 않는다. 우리는 죽는 순간에 곧바로 새 몸을 입는가, 아니면 그리스도가 공적으로 재림하여 모든 믿는 자들에게 부활을 주실 때까지 함께 기다리는 것이 하나님의 뜻인가? 4장 14절에 바울이 후자를 암시하는 듯하지만, 그럼에도 의문의 여지는 있다. 죽음과 부활 사이에 이른바 중간 상태가 있는데, 그 중간기의 생명에 대해서는 어떻게 생각해야 하는가? 이 물음을 우리는 다분히 답이 없는 채로 그냥 두어야 한다. 성경에 별다른 언급이 없으니 우리도 알 도리가 없다.

그러나 한 가지 중요한 개념이 우리에게 이미 주어져 있다. 즉 어떤 단계에서든 우리는 몸을 떠난 후에 상실감이나 결핍감을 겪지 않는다. 거기에 두 번째 중요한 개념이 따라온다. 즉, 죽는 순간 우리는 주 예수 그리스도와 함께 집에 있게 된다는 것이다. 바울은 바로 그것을 고대했다.

> 몸으로 있을 때에는 주와 따로 있는 줄을 아노니…원하는 바는 차라리 몸을 떠나 주와 함께 있는 그것이라. _고후 5:6, 8

신자라면 누구나 마땅히 그렇게 느껴야 한다. 아무리 늙었거나 병들었다 해도 예수님과 함께할 미래를 생각하면 우리 마음에 용기와 기쁨이 솟아난다. 보좌에 계신 예수님이 친히 그렇게 해주신다.

우리를 기다리는 부활의 몸을 바울은 장차 우리의 거처가 될 새로운 집으로 그려냈다. 그렇다면 이 변화에 대해 긍정적 차원에서 말할 수 있는 내용은 무엇인가? 솔직히 그리 많지 않다. 사실은 부정적 내용이 곧 긍정적 내용이다. 이 세상의 이상적인 신축 주택을 생각해 보라. 모든 것이 완벽하게 작동하며 아무런 고장이 없다. 부활한 우리의 몸도 마찬가지다. 사람들이 부활하신 예수를 그분으로 알아보았듯이 부활의 몸을 "덧입"은 우리를 볼 때도 분명히 우리로 알아볼 것이다. 그렇게 우리는 서로를 알 것이고, 서로 알기에 기쁨을 누릴 것이다.

분명히 우리의 새로운 몸은 완성된 새로운 마음에 잘 어울릴 것이다. 우리의 새로워진 도덕성과 영적 성품이 그 몸을 통해 완벽하게 표현될 것이다. 그 몸은 이 세상을 떠날 때의 육체가 아니라 가장 건장하던 때의 몸일 것이다. 사실은 이 땅에서 최고조였을 때보다 더 좋은 상태를 예상해야 한다. 새로운 몸은 결코 쇠하지 않고 영원히 새로운 상태를 유지한다. 상충되는 갈망이 서로 반대쪽으로 잡아끄는 내적 긴장도 없고, 능력과 기력이 딸려 뜻을 꺾어야 할 일도 없다. 아울러 영광 속으로 들어가면 우리는 삼위 하나님을 향한 사랑이 넘쳐나게 되고 그것을 표현할 줄 알게 된다. 그곳에 함께 거할 그리스도 안의 모든 형제자매들을 향해서도 마찬가지다.

하지만 지금 우리가 알 수 있는 것은 거기까지다.

장차 우리에게 새로운 가정생활이 주어진다

지금은 우리가 이 세상에서 그리스도를 믿으며 삶을 이어가고 있으나, 우리에게는 장차 그분을 뵙고 그분과 한없이 친밀하게 지낼 영원한 삶이 약속되어 있다. 이 두 삶에 대한 바울의 대비는 이제 절정에 이른다. 지금까지 보았듯이 그는 이 대비를 가정에 빗대어 표현한다. "몸을 떠나 주와 함께(집에) 있는 그것이라"(고후 5:6, 8). 몸으로 있을 때에는 집을 떠나 있는 것이지만 이 몸을 떠날 때에는 집에 가는 것이다. 예수님도 제자들에게 이렇게 약속하셨다.

> 내가 너희를 위하여 거처를 예비하러 가노니…내가 다시 와서 너희를 내게로 영접하여 나 있는 곳에 너희도 있게 하리라.
> _ 요 14:2-3

제자들은 이후의 모든 성도를 대변한다. 따라서 예수님의 이 약속은 바로 우리에게 주시는 말씀이다.

마찬가지로 "아버지여, 내게 주신 자도 나 있는 곳에 나와 함께 있어…나의 영광을 그들로 보게 하시기를 원하옵나이다"(요 17:24)라고 하신 그분의 기도도 우리 그리고 역사 전체의 모든 신자를 위한 기도다. 모든 그리스도인은 날마다 이 약속과 기도를 새롭게 붙잡을 수 있으며, 반드시 붙잡아야 한다. 앞을 멀리 내다보며 바울과 함께 이렇게 고백해야 한다. "우리가 담대하여 원하는 바는 차라리 몸을 떠나 주와 함께 있는 그것이라"(고후 5:8).

앞날을 내다보고 그리스도를 바라보라

연약함은 그리스도인의 삶의 길이다. 이에 대해 내가 해야 할 말은 이제 다했다. 세상 사람들은 자신의 재능과 재주를 의지하여 스스로 세상적 힘과 성공의 길을 모색한다. 그러나 그리스도인들은 그리스도께 충성을 바칠 길을 모색한다. 우리는 그 과정에서 안팎의 연약함이 개입됨을 안다. 주께 충성하는 여정이 지금 그분을 기쁘시게 하고 장차 최후의 영광으로 이어질 것도 안다. 그래서 우리는 이 길을 걷는다.

비록 나이가 들수록 연약함과 제약과 육체의
가시가 많아지지만, 앞날을 내다보는 소망이
바울을 확실하게 붙들어준 것처럼,
그 소망은 우리도 붙들어줄 것이다.
"그러므로 우리가 항상 담대하여"(고후 5:6)
끝까지 담대하기를 기도한다.

세상을 떠나는 것이 무엇인지 이 글을 쓰는 나도, 당신도 체험으로는 알지 못한다. 하지만 언젠가는 우리도 다 그 일을 겪을 것이다. 그래서 더욱 놀라운 사실이 있다. 우리가 몸을 벗고 다음 세상으로 옮겨가는 그 과정 어디선가 그리스도께서 친히 우리를 만나주실 것이다. 새로운 질서의 삶 속으로 이주했을 때 우리는 제일 먼저 그분의 얼굴부터 보게 될 것이다. 비록 나이가 들수록 연약함과 제약과 육체의 가시가 많아지지만, 앞날을 내다보는 소망이 바울을 확실하게 붙들어준 것처럼, 그 소망은 우리도 붙들어줄 것이다. "그러므로 우리가 항상 담대하여"(고후 5:6) 끝까지 담대하기를 기도한다.

그때까지 우리가 날마다 걷는 길을 우리 구주요 주님이신 그리스도께서 친히 그늘로 덮어주신다. 아니, **불을 밝혀주신다**는 표현이 더 적합하다. 그분은 성령과 연합하여 끝까지 우리 곁에서 동행하신다. 성령은 눈에 보이지 않지만 실제로 우리 안에 내주하신다. 우리 죄를 지시고 아버지 앞에 중보자가 되신 그리스도는 우리의 목자이자 길잡이며 모본이시다. 우리가 연약할 때 그분은 힘의 원천이요 천국의 소망이시다. 우리의 삶과 안위가 위협받을 때 그분이 우리를 붙드신다. 우리를 위해 자신을 희생하신 그분의 구속은 우리에게 후한 헌금으로 사람들의 빈곤을 구제할 것을 가르친다. 헌금은 은혜에 대한 감사를 표현하는 하나의 방법이다. 이것이 고린도후서에 나타나 있는 이른바 그리스도의 충족성에 대한 몇 가지 측면이다. 주 예수 그리스도는 모든 면에서 삶의 관제탑이 되신다. 그분은 모본이자 또한 능력을 주는 분이시다.

그러므로 바울이 마지막 기도에 세 위격이시며 동시에 한 하나님이신 성 삼위일체 중 주 예수 그리스도를 맨 앞에 둔 것은 놀랄 일이 아니다. 나도 바울과 동일한 기도로 이 글을 맺으려고 한다. 그리스도가 우리의 모든 힘이 되신다는 이 사실이 우리 삶의 모든 것이 되기를 축복한다.

> 주 예수 그리스도의 은혜와 하나님의 사랑과 성령의 교통하심 (함께 나누는 삶)이 너희 무리와 함께 있을지어다. _ 고후 13:13